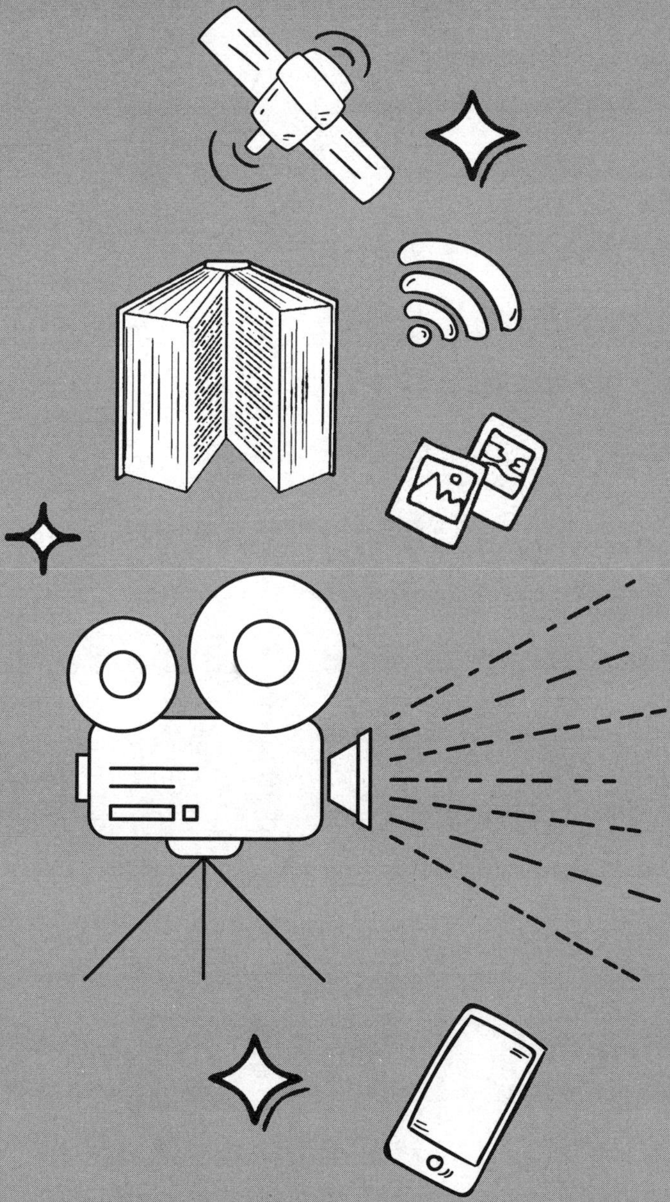

中国中小学项目研究阅读书目
传媒分册

朱永新 主编
张洁 分册主编
新阅读研究所 编著

人民文学出版社

图书在版编目（CIP）数据

中国中小学项目研究阅读书目．传媒分册 ／ 朱永新主编；张洁分册主编；新阅读研究所编著．-- 北京：人民文学出版社，2024
 ISBN 978－7－02－017848－3

Ⅰ．①中… Ⅱ．①朱… ②张… ③新… Ⅲ．①阅读课－中小学－教学参考资料 Ⅳ．① G634．333

中国国家版本馆 CIP 数据核字（2023）第 041452 号

责任编辑　关淑格　李佳悦
装帧设计　刘　远
责任印制　王重艺

出版发行　人民文学出版社
社　　址　北京市朝内大街166号
邮政编码　100705

印　　刷　三河市鑫金马印装有限公司
经　　销　全国新华书店等

字　　数　250千字
开　　本　710毫米×1000毫米　1/16
印　　张　17.5
版　　次　2024年8月北京第1版
印　　次　2024年8月第1次印刷

书　　号　978-7-02-017848-3
定　　价　42.00元

如有印装质量问题，请与本社图书销售中心调换。电话：010-65233595

新阅读文库

中国中小学项目研究阅读书目
（第一辑）
编 委 会

主　　编　朱永新

顾　　问　臧永清　刘国辉

执 行 主 编　童喜喜

科学类统筹　郑永春

人文类统筹　萧三郎

编　　委　（按拼音排序）

陈　江　谌　银　方琳浩　郭明晓　京　华

李西西　李志鹏　林　捷　马　军　孟庆金

陶新华　魏　科　杨　琼　张　洁　张劲硕

总 序
项目式学习与阅读

从2014年到2024年，"全民阅读"连续11次被写进《政府工作报告》，内容从"倡导"到"深入推进"，不仅意味着对阅读推广的广度和深度的愈发关注，更意味着全民阅读已从理念的广泛提倡进入行动的全面落实阶段。这一切，既显示出政府多年倡导全民阅读已经取得初步成果，阅读的重要性已被全社会普遍认可，也表明当下需要更有力度的引领和支持，意味着由理念向方法层面的深入。全民阅读，此时此刻应该付诸行动，应该走深走实。

问题是，如何走深走实？我觉得有三个问题是值得我们特别注意的。

第一，需要一个全民阅读机构的系统引领。现在我们从国家的角度重视全民阅读，但相应的机构还比较少。我们一直没有中国阅读学会或者中国全民阅读指导委员会这样一个具有学术性、引领性的机构。解决这个问题，我们才能跟国际的阅读推广组织进行有深度的联系和合作，从而借鉴先进的全民阅读经验。

第二，需要加强全民阅读理论研究。我们现在对阅读理论的研究，还远远不够，尤其是阅读的心理学、阅读的脑科学、阅读的教育学等等领域的深层次研究。在此方面，还需要更多专业机构、更多的科研人员能够深入到阅读理论的前沿，来进行探索性的研究。

第三，需要对新时代里新的阅读方式进行新的研究。我们已经进入了信息时代，这是一个互联网的时代，一个多媒体的时代。自媒体，短视频，人工智能……当下的许多技术都对未来的阅读产生了非常深刻的影响，尤其是对我们的传统阅读提出了很大的挑战。怎样才能更好地面对？需要我们进一步研究。

总而言之，当今的阅读，需要更多的专业支持。只有专业力量才能解决专业问题，才能深度助推全民阅读的进一步落实。

新阅读研究所作为专业阅读研究推广机构，自2010年成立以来，就致力于解决"为什么读""读什么"和"怎么读"的问题。在理念上，"为什么读"已经在近年的全民阅读倡导和推动过程中，逐渐形成共识。在具体的行动上，需要专业地解决"读什么"和"怎么读"的问题。

"读什么"，需要专业人士研发出适合相应人群的书目。一个人无法读尽天下书，也没有必要读尽天下书。我们推广阅读，并不是倡导大家以阅读数量为唯一目标，也不认为有某一本书是非读不可的。但是，让大家在某一个领域有比较广博且深入的阅读，能够提供一张"阅读地图"供大家选取自己喜爱的"图书名胜"，却是阅读研究的必须。

"怎么读"，则要求向读者介绍阅读的方法和策略。根据不同的文本内容，运用不同的技能以实现对文意的理解，并最终让阅读有所收获。有收获的阅读，才是有效的、可持续的阅读。要让阅读走深走实，还需要在具体领域细化、深入和综合。

2010年，新阅读研究所启动了"中国人基础阅读书目"的研制，陆续推出了面向幼儿、小学生、初中生、高中生、大学生、企业家、父母、中小学教师、公务员等不同群体的书目。这些书目，为一个中国人从幼儿成长为社会人，提供了阅读的路径，得到了社会各界的广泛认同。

2016年，新阅读研究所又启动了"中国中小学学科阅读书目"研制工作，力图为中小学师生在学科上的深入学习提供帮助。该书目已经推出若干种，得到了《中国教育报》等重要媒体的长期关注和跟进报道。进一步的研究还在进行中。

2019年，新阅读研究所启动了"中国中小学项目研究阅读书目"的研制工作，进一步跨越学科激发中小学生的学习兴趣，推动中小学生在自己感兴趣的领域进行深入思考、探索，为开展项目式学习和研究打下深厚的基础、提供坚实的抓手。在2022年的"领读者大会"上，我们推出了8大种类书目的初稿，邀请大家进行批评建议。

基础阅读书目、学科阅读书目、项目研究阅读书目，这三大系列书目的研制，从奠定基础，到学科分类深入，再到研究的综合运用，正是遵循了细化、深入和综合的要求，既独立为不同群体、不同阶段提供不同阅读指导，又从一个整体上完成了书目研制的深化，为阅读理论的研究提供了一个可供参考的范例。

当我们认识到阅读推广的战略性地位及其新发展新要求之后，或许能够明白阅读为什么能够作为推进项目式学习的一个切入点。

一、什么是项目式学习？

如果平时关注国际教育创新研究，应该对项目式学习研究并不陌生。这是近些年国际教育十分推崇的一种方式。美国巴克教育研究所致力于推广项目式学习30余年，他们对项目式学习的定义应用最为广泛，还提出了项目式学习的7个要素：具有挑战性的问题、持续探究、真实性、学生的发言权和选择权、反思、评价与修改、成果公众展示。

当然，除此之外，也有其他学者对项目式学习提出了一些其他的看法。但总的来看，项目式学习可以总结为一种通过对真实、复杂的问题进行探究，以小组合作的方式进行项目实施，最终以产品形式呈现，学生在参与的过程中逐渐建构知识网、掌握必备技能、实现综合发展的教学方法。它能够很好地培养学生的综合思维能力以及提出问题、研究问题、解决问题的能力。它能引发学生的深度学习，发展学生的高阶思维、创造力，团队合作和领导力，动手能力，计划以及执行项目的能力。

在国外，大量研究表明，项目式学习不仅可促使学生提高学习成绩，而且对其思维能力，深度学习、跨学科学习能力，可持续发展能力等能力的培养也具有很好的促进作用。

尽管项目式学习在中国的发展时间并不算太长，而且实践中遭遇到许多困境，但是，在中国教育先行者的带动下，一群行动者耐心地探索，仍然取得了长足的发展。近年来，项目式学习成为我国教育发展备受瞩目的教学方式。2019年，《国务院办公厅关于新时代推进普通高中育人方式改革的指导意见》提出注重"项目设计"等跨学科综合性教学，《中共中央 国务院关于深化教育教学改革全面提高义务教育质量的意见》指出，要"探索基于学科的课程综合化教学，开展研究型、项目化、合作式学习"。2022年版义务教育课程方案和各科课程标准明确了跨学科主题学习，新方案、新课标明确要求，用不少于10%的课时设计跨学科主题学习活动。2020年，上海市教委发布了《上海市义务教育项目化学习三年行动计划（2020—2022年）》。深圳市教委则每年定期举办中小学的项目式学习比赛。

2021年，时任教育部基础教育教学指导委员会副主任、北京师范大学中国教育创新研究院学术委员会主任张卓玉表示："项目学习是世界教育的大趋势。"

进入信息时代，我们进入了真正日新月异的时代。世界每一天都在迅速变化，而且这种惊人的变化速度就摆在我们的面前。项目式学习为这一切提供了一个新的框架，它与传统教学相比，在新的时代背景下优势明显。

同理，在这样新的时代里，阅读也以新的面貌，稳居于教育的中心。和其他教育方法相比，阅读是一种自主学习，收效明显。

项目式学习和阅读，当两者相结合，如何充分发挥其特点和优势呢？会产生怎样的化学效应？我相信，这是一个值得我们投入更多人力去研究的重大课题。

二、阅读对于项目式学习的价值意义

专业阅读，是一种积极主动的、带着问题的阅读，是需要理解背景知识、善于筛选并整合信息、进行分析与推断的阅读。也就是说，它与项目式学习在很多方面是相通的。一个成熟的读者，距离一个项目式学习者，可能只有一步之遥。

推动全民阅读不断深入的过程，必将提倡专业阅读能力的提升，这些阅读技能、阅读策略的学习和掌握，与项目式学习的推进是同一个朝向。

项目式学习是学生建构新知识、发展创造力、培养批判性思维、提升沟通协作能力的过程。如果整个学习过程只是展示学生现有的知识与能力，学生学习的主动性没有得到激发，缺乏深入的探究与思考对话，那么，"项目"对学生的成长意义是有限的。

高质量项目式学习正是源自学生知识能力的建构，也反过来推动学生对自我知识的进一步建构。它需要教师的支持指导，也需要学生具备相应的学科阅读能力积累、信息检索提取、推论判断等多方面的阅读素养，在此基础之上还需要具备跨学科的视野、围绕问题进行追问和对诸多要素进行整合等等能力，这些又是与主题阅读密切相关的技能。因此，学生的阅读能力是项目式学习的一项基础能力，也是学生完成高质量项目式学习活动的有效保障。

我们完全可以说：阅读是一种底层能力，是一切学习的基础。当阅读走向高层次的主题阅读，项目式学习的理论和思维层面的准备就已经就绪。

三、项目式学习对于阅读的价值意义

阅读作为学习的基础和根本，是获取知识的最主要方式。然而在一些学校里，应试主义大行其道，真正的阅读反而遭到排挤，很多老师和学生以为阅读就是去读教科书、教辅书，有些老师甚至反对学生阅读与应试教育无关的课外"闲书"，大量的学生没有享受到阅读的快乐，阅读存在远离学生的身心发展、脱离学生的日常生活情境等问题。

项目式学习的兴起，为以上相关问题的解决提供了一种新的途径。

首先，项目式学习能够激发学生的阅读兴趣。因为在项目式学习过程中，学生成为学习的主人，为了探寻和解决共同感兴趣的问题，好奇心和求知欲得到了激发，带着问题去做专题探究阅读，学习方式从被动阅读转向主动阅读。

其次，项目式学习能够提升学生的阅读能力。它能帮助师生走向更高品质的深度阅读。深度阅读即在尽可能广泛收集与精心挑选书籍之后，推崇多侧面整合思考，将书本与生活贯通，吻合生命成长节奏的阅读。在项目式学习过程中，学习不再是把外部世界的知识直接装进脑袋里，而是学习者持续地自主发

现问题，调动和激活相关知识，大量阅读，分析判断，实现对不同学科知识的深度理解与运用，再辅之以情景认知和角色体验，学生的深度阅读能力得以到提升。

再次，项目式学习能够让阅读到的知识更快地内化为知识体系，促进读、写、思的结合，让阅读更高效。阅读不是目的，将所读到的内容转化为解决问题的方法、转化为个人行动的指南，才是读书的意义。当阅读带来了实际的改变，我们从阅读中有了实际的收获，我们就会读得更多，而读得更多又会让我们有更多的收获，由此实现了积极正向的循环。

既然项目式学习是一种合作探究性学习，那么，项目式学习中的阅读就是一种深入的共读、跨学科的大量阅读、围绕问题的主题阅读，因此，项目式学习的推广，也将是全民阅读推广的深入。

四、阅读和项目式学习的相互促进

如前所述，阅读的成熟状态和项目式学习的理想状态是相通的，两者的结合，将能相互促进，相互成就。

正如在推动新科学教育时提出的"做中学、读中悟、写中思"那样，新教育一直倡导、促进深度学习。项目式学习正是一种情境化的深度学习，阅读则在"做、读、写"有机融入项目式学习的整个过程之中扮演着关键角色。例如，在发现与提出问题阶段，通过阅读能促进形成有意义的问题；在文献梳理和实际调查阶段，通过文献阅读或调研，写出文献或研究综述，概述研究的历史和现状，可以为项目式学习的扎实推进及取得切实成效提供有力保障；等等。将"做中学、读中悟、写中思"有机融入项目式学习，使得学习的每一个环节都有深化的可能。

与此同时，在项目式学习的过程中有意纳入阅读，则可以因为提出的问题，激发学生的阅读兴趣；因为围绕问题的主题阅读，提高学生的阅读能力；教师结合本学科指导学生进行学科阅读时，可以让学生知道各个不同学科领域的阅读方法；学生在进行总结展示时，又必将综合阅读和行动的所思所得；从而让阅读从兴趣、方法、态度、习惯等各个层面，都在反复锤炼中得到迅速提升。

五、我们能做些什么？

新阅读研究所本次"中小学项目研究阅读书目"的研制工作，将陆续推出适合小学中高年级学生到初、高中生使用的项目式学习书目，涉及地球科学、植物、航空、传媒、电影、心理等中小学生感到有意思、有意义的项目研究领域。研制工作汇聚了各个领域优秀的专家团队，他们或有着前沿扎实的理论基础，或有着项目研究的丰富实践经验，根据项目学习的特点，把经典和可读性相融合，进行了严格的书目筛选。书目定下来后，即着手撰写书目导赏手册、设计项目研究案例工作，同时在中小学校进行了项目案例的实验，经过专家细致研讨、多轮修改打磨，研制工作才告完成。

在本套书目中，不仅推出了每个学科领域项目研究最值得推荐的100本书以及100本书的导赏，最大的亮点是每个学科领域都设计了10个左右的具体项目研究案例。每个项目研究案例包含明确的项目主题、项目介绍、学习建议、项目任务清单、项目具体内容以及项目的反思与总结等部分，以期实现跨学科知识的整合和运用。在这些具体的研究中，我们还兼顾了家庭、学校的不同特点，对参与的人数给出具体建议。所以，本套书目不仅可以为中小学生进行某个领域的项目案例学习提供参考用书和操作指南，还可以协助教师或父母与孩子们在项目式学习中进行交流互动。

今天，项目式学习作为学习方式的新样态，对学习者、教师、学习材料和学习环境的要求都发生了根本性的变化。这对教师而言是一种全新的挑战，中小学教师亟须突破传统的学科教学方式。以这一次全新的"中国中小学项目研究阅读书目"为起点，新阅读研究所制订了工作计划，后续还会围绕项目式学习、专业阅读等主题，进行师资培训，促进项目式学习在学校的进一步深入开展，让更多孩子能够从相应的课程中受益。

在这个瞬息万变的信息时代，比学历更重要的是"学力"，也就是学习的能力。学历只证明着过去，"学力"才意味着未来，项目式学习和阅读都是培养中小学生"学力"的重要途径。

项目式学习是推动课程改革和教育改革的抓手。"中国中小学项目研究阅读书目"则是推动项目式学习的重要一步。我们希望以扎实的书目研制工作，推进项目式学习在中国的发展，推动基础教育改革，更好地促进学生的全面发展。我们相信，随着课程改革进入新的阶段，项目式学习等新兴学习方式的推广应用，必然能够促进阅读事业的专业引领得到深入落实。

借助"中国中小学项目研究阅读书目"的推广，我们完全可以也应该把项目式学习扩展到非教育领域，拓展到全社会。总结项目式学习与阅读之间的关系，推进更多不同的学习方式、阅读方式，是为了让我们每一个人都能够找到最适合自己成长的那条路。这样，攀登的路上一定会有最美的风景，我们也将在这条路上得到幸福完整的人生。

（根据2022年"领读者大会"同题主旨演讲修订）

朱永新
2024年春

目 录

导 言 ··· 001

1. 学习传播学的意义和主要方法 ··· 001
  1.1 什么是传媒、媒体、传播学？ ·· 001
  1.2 为什么要学习传播学？ ·· 004
  1.3 学习传播学的主要方法 ·· 006
2. 研制书目的过程和原则 ·· 009
3. 怎么利用本书来开展项目研究 ··· 011

项目案例 ··· 015

原创动态表情包设计 ·· 017
  一、项目简介 ·· 017
  二、学习建议 ·· 017
  三、项目任务清单 ·· 018
  四、项目内容 ·· 019
    （一）知识加油站 ·· 019
    （二）制作动态表情包 ··· 021
    （三）成果发布 ··· 023
  五、项目反思与总结 ··· 024
    （一）对本项目进行反思与总结 ································ 024
    （二）写在最后 ··· 025

自制假期主题报 ··· 026
  一、项目简介 ·· 026

二、学习建议 ··· 026
  三、项目任务清单 ··· 027
  四、项目内容 ··· 028
    （一）报纸选题策划 ·· 028
    （二）稿件采编与排版 ·· 032
    （三）报纸制作与发行 ·· 034
  五、项目反思与总结 ·· 035
    （一）对本项目进行反思与总结 ·· 035
    （二）写在最后 ··· 036

人物特刊：身边的陌生人采访及电子杂志制作 ······························· 037
  一、项目简介 ··· 037
  二、学习建议 ··· 037
  三、项目任务清单 ··· 038
  四、项目内容 ··· 039
    （一）认识杂志 ··· 039
    （二）团队组建 ··· 040
    （三）选题与采访 ·· 042
    （四）制作电子杂志 ·· 047
    （五）杂志发行 ··· 048
  五、项目反思与总结 ·· 049
    （一）对本项目进行反思与总结 ·· 049
    （二）写在最后 ··· 049

我的校园毕业纪念册 ··· 051
  一、项目简介 ··· 051
  二、学习建议 ··· 051
  三、项目任务清单 ··· 052
  四、项目内容 ··· 053

（一）团队组建 ……………………………………………… 053
　　（二）知识储备 ……………………………………………… 054
　　（三）制作校园毕业纪念册 ………………………………… 056
　　（四）校园电子纪念册的发布 ……………………………… 057
　五、延伸与拓展 ………………………………………………… 058
　六、项目反思与总结 …………………………………………… 058

赢取手机使用执照 …………………………………………… 059
　一、项目简介 …………………………………………………… 059
　二、学习建议 …………………………………………………… 060
　三、项目任务清单 ……………………………………………… 061
　四、项目内容 …………………………………………………… 062
　　（一）重新认识手机 ………………………………………… 062
　　（二）讨论制定赢取手机使用执照试行办法 ……………… 063
　　（三）验证试行办法并修改 ………………………………… 066
　　（四）办法正式执行 ………………………………………… 066
　五、项目反思与总结 …………………………………………… 067
　　（一）对本项目进行反思与总结 …………………………… 067
　　（二）写在最后 ……………………………………………… 068

为世界名著拍微电影 ………………………………………… 069
　一、项目简介 …………………………………………………… 069
　二、学习建议 …………………………………………………… 070
　三、项目任务清单 ……………………………………………… 070
　四、项目内容 …………………………………………………… 071
　　（一）团队组建及分工 ……………………………………… 071
　　（二）选定名著，梳理人物和情节 ………………………… 073
　　（三）撰写微电影剧本 ……………………………………… 074
　　（四）拍摄、制作微电影前的准备 ………………………… 075

（五）拍摄、制作微电影 ··· 077
　　（六）微电影展映和宣传 ··· 077
　五、项目反思与总结 ··· 078
　　（一）对微电影作品进行评价 ··· 078
　　（二）对本项目进行反思与总结 ·· 079

最美××公益广告展 ·· 080
　一、项目简介 ··· 080
　二、学习建议 ··· 081
　三、项目任务清单 ··· 082
　四、项目内容 ··· 082
　　（一）组建团队，策划展览，发布展品征集指南 ················· 082
　　（二）设计、制作公益广告 ·· 086
　　（三）举办公益广告展 ··· 088
　五、项目反思与总结 ··· 089
　　（一）对本项目进行反思与总结 ·· 090
　　（二）写在最后 ·· 090

巧用定格动画讲科普 ·· 091
　一、项目简介 ··· 091
　二、学习建议 ··· 092
　三、项目任务清单 ··· 093
　四、项目内容 ··· 094
　　（一）了解定格动画 ·· 094
　　（二）团队组建及分工 ··· 095
　　（三）选定科学知识，理解其中奥妙 ································· 096
　　（四）撰写动画脚本 ·· 097
　　（五）制作场景和道具 ··· 100
　　（六）逐格拍摄 ·· 101

（七）后期合成、配音、制作字幕 ………………………… 103
　　（八）展映 ………………………………………………… 104
五、项目反思与总结 ……………………………………………… 104
　　（一）对本项目进行反思与总结 …………………………… 105
　　（二）写在最后 ……………………………………………… 105

给爷爷奶奶的微信使用说明书 …………………………………… 106

一、项目简介 ……………………………………………………… 106
二、学习建议 ……………………………………………………… 107
三、项目任务清单 ………………………………………………… 108
四、项目内容 ……………………………………………………… 109
　　（一）团队组建 ……………………………………………… 109
　　（二）知识储备 ……………………………………………… 109
　　（三）绘制说明书 …………………………………………… 112
　　（四）效果检验与发布 ……………………………………… 113
五、项目反思与总结 ……………………………………………… 114
　　（一）对本项目进行反思与总结 …………………………… 114
　　（二）写在最后 ……………………………………………… 115

微信公众号创意推文 ……………………………………………… 116

一、项目简介 ……………………………………………………… 116
二、学习建议 ……………………………………………………… 116
三、项目任务清单 ………………………………………………… 117
四、项目内容 ……………………………………………………… 118
　　（一）团队组建 ……………………………………………… 118
　　（二）准备阶段 ……………………………………………… 119
　　（三）创作阶段 ……………………………………………… 124
　　（四）运营阶段 ……………………………………………… 125
五、项目反思与总结 ……………………………………………… 126

（一）对本项目进行反思与总结 ························ 127
　　（二）写在最后 ························ 127

校园文创产品设计 ························ 128
　一、项目简介 ························ 128
　二、学习建议 ························ 129
　三、项目任务清单 ························ 130
　四、项目内容 ························ 131
　　（一）团队组建 ························ 131
　　（二）确定产品的样态和主题 ························ 131
　　（三）设计、制作校园文创产品 ························ 134
　　（四）宣传、销售校园文创产品 ························ 135
　五、项目反思与总结 ························ 137
　　（一）对本项目进行反思与总结 ························ 138
　　（二）写在最后 ························ 138

100本书目一览表 ························ 139

书目导赏 ························ 151

　学科综论 ························ 153
　　1.《传播学原来很有趣：16位大师的精华课》 ························ 153
　　2.《初识传播学》 ························ 154
　　3.《大众传播概论：媒介素养与文化》（第8版） ························ 155
　　4.《认识媒体》（插图第2版） ························ 156
　　5.《传播学史：一种传记式的方法》 ························ 157
　　6.《美国传媒史》 ························ 158
　　7.《当代中国传媒史1978—2010》 ························ 159
　　8.《史蒂夫·乔布斯传》（典藏版） ························ 159

9.《张一鸣：平常人也能做非常事》 ················· 160
10.《数字化生存》（20周年纪念版） ················· 161
11.《传播学概论》 ··· 162

符号 ··· 164

12.《皮尔斯：论符号 李斯卡：皮尔斯符号学导论》 ····· 164
13.《趣味符号学》 ··· 165
14.《符号密语》 ·· 166
15.《表情包密码：笑脸、爱心和点赞如何改变沟通方式》 ····· 166
16.《占领世界的表情包：一种风靡全球的新型社交方式》 ····· 167
17.《QQ+微信创意表情包设计》 ······················ 168
18.《给孩子的汉字王国》 ································ 169
19.《伟大的字母：从A到Z，字母表的辉煌历史》 ······ 170

报刊媒体 ··· 171

20.《中国新闻传播史》（第3版） ······················ 171
21.《当代报纸编辑学》（第2版） ······················ 171
22.《从菜鸟到专业：萌新记者成长手册》 ············ 173
23.《通讯员新闻采写一本通》（第2版） ·············· 174
24.《好新闻的样子：中国新闻奖作品赏析》 ········· 175
25.《总编辑手记》 ··· 176
26.《中国期刊史》（全5卷） ···························· 177
27.《提问》 ··· 178
28.《人民日报记者说：典型人物采访与写作》 ······ 179
29.《南方周末写作课》 ··································· 180
30.《〈华尔街日报〉是如何讲故事的》 ················ 181
31.《版式设计就这么简单》（第2版） ················· 182
32.《对话美国顶尖杂志总编》 ··························· 183
33.《不分东西》 ·· 184

34.《红星照耀中国》(青少版) 185

书籍 187

35.《书的故事》 187

36.《书籍的历史》 187

37.《大英图书馆书籍史话：超越文本的书》 188

38.《图书馆的故事》 189

39.《阅读史》 190

40.《书形：138种创意书籍和印刷纸品设计》 191

41.《编辑力：从创意、策划到人际关系》(经典版) 192

42.《书籍装帧创意与设计》 193

43.《编辑人的世界》 193

手机 195

44.《手机媒体概论》(第2版) 195

45.《手机简史》 196

46.《习以为常：手机传播的社会嵌入》 197

47.《劫持：手机、电脑、游戏和社交媒体如何改变我们的大脑、行为与进化》 198

48.《孩子与屏幕：教你引导孩子用好手机和电脑，和iPad时代的Ta一起健康成长》 199

电影 201

49.《世界电影史》(第2版) 201

50.《闪回：电影简史》(插图第6版) 202

51.《中国电影通史》(全2册) 203

52.《认识电影》(修订第14版) 204

53.《改编的艺术：从文学到电影》 205

54.《微电影剧本创作实录与教程》 206

55.《微电影制作人手册》(全2册) 207

56.《演员自我修养》 208
57.《镜头的语法》（插图修订第2版） 209
58.《音效圣经：好莱坞音效创作及录制技巧》（插图修订版） 210
59.《剪映视频剪辑从小白到大师：电脑版》 211
60.《短视频：策划、制作与运营》 212
61.《十年一觉电影梦：李安传》 212
62.《感动，如此创造》 213

广告 215

63.《广告概论》 215
64.《公益广告概论》 216
65.《中外广告史》（第2版） 217
66.《广告：创意与文案》（第11版） 218
67.《文案发烧》 219
68.《广告设计：从入门到精通》 220
69.《世界广告经典案例——经典广告作品评析》（第2版） 221
70.《奥格威谈广告》 222

动漫 223

71.《世界动画史》 223
72.《中国动画史》 224
73.《制作进行：一本书让你彻底了解动画制作》 225
74.《动态叙事：学会用动图、动画思维讲故事》（第2版） 226
75.《动画大师课：分镜头脚本设计》 227
76.《创意定格动画实验室》 228
77.《美国漫画绘制教程》 229
78.《让手账变可爱：超实用手绘字体教程》 230
79.《一生的旅程》 231

社交媒体 ... 232

80．《社交媒体简史：从莎草纸到互联网》 ... 232

81．《社交媒体：原理与应用》 ... 233

82．《零基础学微信全程图解手册》 ... 234

83．《腾讯传：1998—2016：中国互联网公司进化论》 ... 235

84．《Facebook 效应》 ... 235

85．《被看见的力量：快手是什么》 ... 236

86．《字节跳动：从 0 到 1 的秘密》 ... 237

87．《爆款文写作指南》 ... 238

88．《微信公众号平台操作与版式设计全攻略》 ... 239

流行文化 ... 241

89．《中国流行文化 30 年（1978—2008）》 ... 241

90．《引爆流行：如何在注意力经济时代成为流行制造者》 ... 241

91．《不懂流行文化就不要谈创新》 ... 242

92．《极速传染》 ... 243

93．《超级 IP：互联网时代的跨界营销》 ... 244

智能传播 ... 246

94．《智能传播：机遇与挑战》 ... 246

95．《智能传播：理论、应用与治理》 ... 247

96．《人工智能简史》（第 2 版） ... 248

97．《人工智能基础：高中版》 ... 249

98．《内容算法：把内容变成价值的效率系统》 ... 250

99．《今日头条全攻略：后台操作 + 内容创作 + 指数提升 + 广告变现 + 营销运营》 ... 250

100．《算法霸权》 ... 251

导　言

1. 学习传播学的意义和主要方法

1.1 什么是传媒、媒体、传播学？

如果你对"传媒""媒体""传播学"这些词汇还很陌生，那我们就从电视、手机以及短视频这些你十分熟悉的朋友说起。所谓"传媒""媒体"其实就是电视、手机以及短视频……这些家家都有，人人都用的事物的"学名"。尽管它们样式各异、表现不一，但它们都是人们传递信息、沟通交流的中介物，而"媒"字在《新华字典》里的释义就是"使双方发生关系的人或物"；"媒体"的释义则是"指传播信息的工具，如报刊、广播、电视、互联网等"，如今当然还得加上"手机"。尽管如果细究"媒体""媒介""传媒"这些词的准确含义，那还是有细微差别的，但生活中人们常常混用，不做区分。在本书中，我们也将"媒体""媒介""传媒"视为同义词。经过漫长的发展，不断的丰富，目前我们生活中常见的"媒体"主要包括：

◆ **符号层**：各种各样能传递信息的符号，如文字、图形、符号等。

◆ **物质层**：能承载各种符号的工具或设备，如纸张、报纸、图书、网络、电脑、手机等。

◆ **组织机构/人员层**：即运用各种工具及手段，生产传播各类信息的组织机构及个人，如出版社、广播电台、电视台、网站、广告公司、电影公司、社交平台、mcn（Multi-Channel Network，多频道网络）公司、up主（uploader，上传者）、博主等。

你可以通过下图直观了解目前"媒体"的内涵：

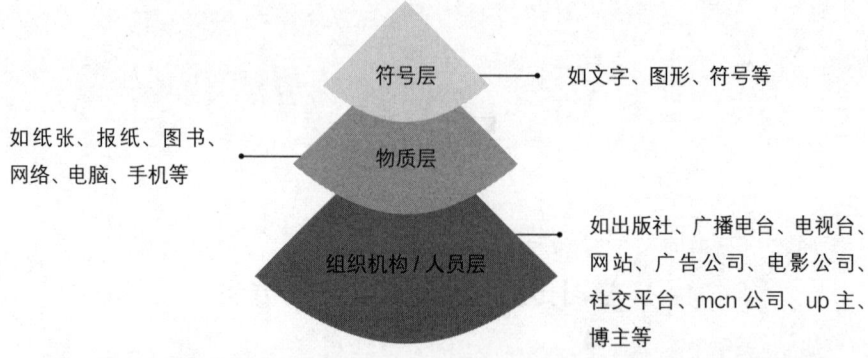

而所谓"传播学",就是帮助人们研究各式各样的"媒体"究竟如何帮助人们传播信息、产生关系、形成预期效果的学问。这门学科最早由美国学者威尔伯·施拉姆(Wilbur Schramm)在20世纪60年代创建,直到20世纪80年代才传入我国。与天文学、植物学、经济学等有好几百年历史的学科相比,传播学无疑非常年轻。可自人类诞生起信息传播就不可避免,那为什么"传播学"的历史并不长呢?

这是因为人类诞生后很长很长一段时间内,只会用口耳相传的方式交流,这时人们使用的是"口头语言"这一唯一的媒介,而人们对语言运用规律的研究,如怎么能把话说通顺,避免语病;怎么能让演讲更有说服力、吸引力,催生了语言学、修辞学等学科。后来虽然先后出现了文字以及由文字、纸张组成的书籍、报纸、期刊,媒介类型丰富了一些,但因为一方面"语言"仍是所有媒介的核心;另一方面能认字、写字的读者人数很少,报纸、杂志、书籍的数量也不多,因此,并没有催生出专门研究信息传播规律的"传播学"。但值得一提的是,报纸之所以会出现是因为人们总是对自己所在地区以及遥远外部世界的大事小情充满好奇,因此,报纸上的"新闻"对读者最具吸引力。而新闻应该如何写、报纸应该怎么办,能更受读者欢迎?这些问题慢慢催生了"新闻学",但这一学问只是少数专业新闻工作者需要的,一般公众并不感兴趣,也不太需要。

直到20世纪20—40年代,广播、电影、电视在欧美发达国家出现并流行,这使得人们能用来传递信息的媒介种类丰富起来。此外,广播、电影、电视的传播特点也与书籍、报纸、期刊有较大差别。首先,因其用声音、影像传递信息，因此对受众的文化水平几乎没有要求，只要视力、听力没有问题，即使是不识字的文盲，甚至婴幼儿也能收听、收看，这使得其受众面极为广泛。第二，通过无线电波和导线传播的广播、电视能以前所未有的速度对数以万计、百万计的巨大人群瞬间产生影响，这种传播模式也是人类历史上前所未有的。第三，广播、电视能传播的节目类型也非常丰富，不仅能播出时效性强的新闻，其他崭新的节目形式如流行音乐、广播剧、影视剧、动画片、综艺节目、情景剧……也都能对观众产生极大的影响。

广播、电视这些史无前例的特性，使已有的新闻学无法继续涵盖日益发展的新闻业，而深入研究广播、电视等媒体的传播规律变得越来越重要。特别是在第二次世界大战期间，交战各国都急需找到运用广播、报纸、传单、电视等各种媒介鼓舞本国军民士气、瓦解敌方军民信心的方法，为此美国政府召集了大量政治学、心理学、社会学等领域的专家，开展了各种主题的研究。他们的研究成果为传播学的诞生奠定了基础。战争结束后，世界各国都进入社会重建时期，经济生产旺盛，市场交易活跃，大量的广告公司、公关公司应运而生，它们也急需运用广播、电视、报纸等媒介促进商品销售，助力企业经营。而充足的广告收入使得广播电台、电视台、广播电视节目制作公司蓬勃发展。层出不穷的节目内容创新、传播方式创新，让在战时兴起的对广播、电视等"大众媒介"传播规律的研究继续繁荣发展。20世纪60年代时，施拉姆将已有研究成果汇总提炼，创立了"大众传播学"。

施拉姆之所以要在他创立的"传播学"前加上"大众"这一定语，是因为他关注的是由广播、电视等针对广大受众、借助专业工具进行的传播活动。这种传播活动与报纸时代的新闻报道有一定的继承发展关系，因此可以说，新闻学是大众传播学的基础和前身，这也是为什么"新闻传播学"与"大众传播学"两词经常混用。而人与人之间、小群体之间直接通过说话、演讲等方式进行的传播活动，称作"人际传播"，研究这种传播活动规律的"人际传播学"主要与"语言学""修辞学"有密切联系。至此，"大众传播学"与"人际传播学"共同构成了完整的"传播学"。传播学的建立过程及内部结构大致如下图所示：

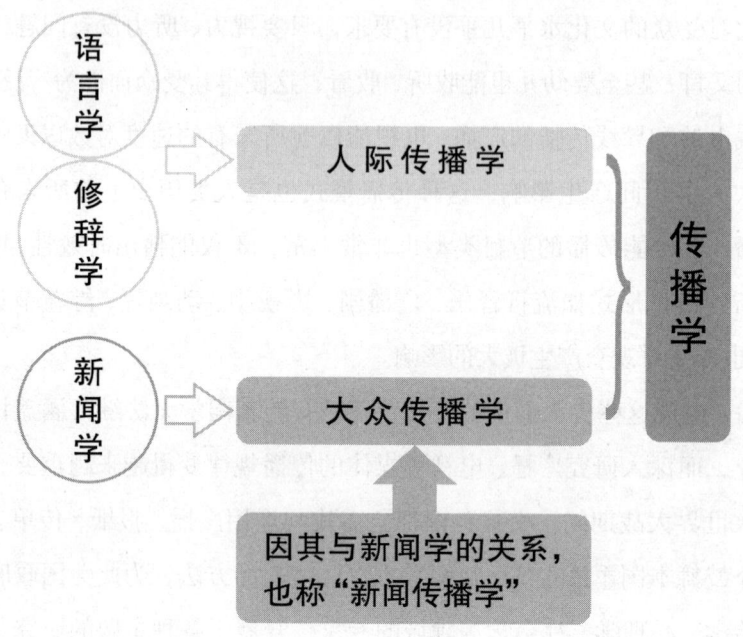

回顾历史,我们能看到:技术发展是传播学诞生的重要前提,在技术欠发达、媒体种类单一时,语言学、修辞学,乃至新闻学就足以帮助人们解决有限的传播问题。然而,广播、电视以及后来的网络、手机、人工智能等技术不断加速发展,一次又一次刷新着"媒体"的内涵。由新技术引发的各种新传播现象、新传播方式也最终催生了"传播学"。

需要特别说明的是,由于施拉姆创立的"大众传播学"是促使整个传播学成形的起点,因此,很多场合以及文献里,如无特别说明,"传播学"一词指的就是"大众传播学"。在本书里我们也使用"传播学"指代"大众传播学"或"新闻传播学"。

1.2 为什么要学习传播学?

传播学作为一门学科,自20世纪下半叶在我国确立和发展起,一直都只是在报社、广播电台、电视台工作的媒体从业者或在大学新闻传播院系学习的学生才需要学习的专业知识,普通公众并没有接触、学习的必要。但是20世纪90

年代末互联网的普及，以及随后智能手机、移动网络的迅速发展，悄然改变了这种情况。因为，每个人都不再是只能看新闻、刷影视剧的"受众"，而是可以随时随地发朋友圈、发弹幕、做up主的"用户"。不仅做主播、做自媒体人成为前景诱人的新职业，就连网店卖家也得精通拍照、文案写作、平面设计，甚至成为直播高手才能把生意做强做大。此时，关于媒介的知识，以及信息传播的规律，已经成为每个人生存、发展的基本常识，而不再只是专业工作者或学者的专业技能。

媒介环境的飞速改变对中小学生及其父母、老师也提出巨大挑战，对如何解决手机沉迷、游戏上瘾等问题，不少父母、教师感到手足无措。于是不少家庭、学校严格禁止孩子拥有、使用手机。结果不少孩子与父母、老师消耗大量的时间、精力上演"猫鼠大战"，双方在努力"突破封锁"和"严防死守"中矛盾冲突不断。

其实，只要冷静地想一想，我们就知道，任何技术进步都是双刃剑，与其封堵、禁止，不如及时帮助中小学生学习掌握相关知识和技能，让这一代青少年顺利成为新技术、新环境的主人。我国教育部极具远见卓识，2020年最新修订的《普通高中语文课程标准》中就及时增加了名为"当代文化参与"与"跨媒介阅读与交流"的必修任务群，要求高中生"学习了解常见媒介与语言辅助工具的特点""掌握利用不同媒介获取信息、处理信息、应用信息的能力""学习运用多种媒介展开有效的表达和交流""积极参与当代文化生活"。《义务教育语文课程标准（2022年版）》中也指出："当今世界科技进步日新月异，网络新媒体迅速普及，人们生活、学习、工作方式不断改变，儿童青少年成长环境深刻变化，人才培养面临新挑战。"在此背景下提出了"学习跨媒介阅读与交流""充分利用数字资源和信息化平台""领略数字时代精彩的文学世界"等要求。

本书的目的就在于帮助中小学生读者学习了解传播学知识，通过实践增长运用各种媒介的能力。希望我们的努力能使数字时代、智能时代的中小学生在以下三个方面有所收获：

首先，在技术运用层面，就像文字发明出来后，只有能识字、写字的人才能享受文字带来的便利一样，尽管智能手机看上去很容易使用，但"能用"与"会用"是有很大区别的。希望通过对相关知识的学习，使读者不仅了解每种媒介表面的功能，更能深入了解其对人、对社会的深层影响，从而使读者成为对各类媒介有完整、深刻认识的成熟使用者。

其次，在媒介内容的选择与消费过程中，正如前面已经提到的"受众"一词已被"用户"一词取代。这表明在现今的媒介环境中，每个人都不再只是被动的信息接受者，而是可以主动选择、积极参与的选择者、创造者。但如何能做出明智的选择，怎样才能进行有益于自己也有益于他人的创造？希望通过对传播学的学习、实践，使小读者成为精明的选择者和有品位的创造者，为改善我们的传播环境，营造良好的传媒生态贡献力量。

最后，在特长发展及职业选择方面，如果小读者能通过对传播学的学习与实践，找到自己的兴趣，发挥出自己的天赋，那无疑是更好的。期待本书成为小读者找到自己人生志向的开始，为未来媒介产业的蓬勃发展吸引人才。

1.3 学习传播学的主要方法

那么，传播学要怎么学呢？即便传播学的历史还不长，但传播学涵盖的知识可不少，这不仅因为媒介种类从语言产生发展到现在，已经种类繁多，令人目不暇接，而且每种媒介都有从如何使用到怎么运营的专业知识。此外，每种媒介从诞生之初的寂寂无闻，到发展壮大成为重要产业，不仅有各自蜿蜒曲折的历史，也有众多从每一天的实践中逐渐形成或被人发现的规律。综合来看，各媒介领域的知识都可大致划分为理论、历史、实务三类，其中：

- ◆ **理论**：解决的是传播现象是如何发生的、为什么会产生这种效果而不是那种效果？这些传播现象对人和社会究竟产生哪些影响等问题。
- ◆ **历史**：主要是对某类媒体从无到有、从小到大、从简单到复杂不断发展、演变过程的记录与分析。
- ◆ **实务**：解决运用这类媒体进行信息传播时，具体的步骤、技巧有哪些，怎样做效果最好等问题。

可以看出三类知识互为依托，其中实务知识总是最先产生的，因为一种媒介在诞生之初，人们总是最关心该如何使用，怎么能做得更好；接着在不断的探索实践中，善于观察总结的研究者就能找到规律，形成理论；继而，该种媒体在不断的发展演变中产生了越来越成熟的实务知识，发展出越来越丰富的理论，也形成了自己独一无二的历史。但需要指出的是，三类知识并不是严格按照以上顺序线性产生的，相反它们是相互刺激、彼此促进，不断共同生长的。久而久之，各类媒介在三个方面的知识又共同构成了传播学整体的专业知识，这些学科整体性知识同样可按理论、历史、实务的框架分类，最终形成了如下图所示的传播学学科知识体系。

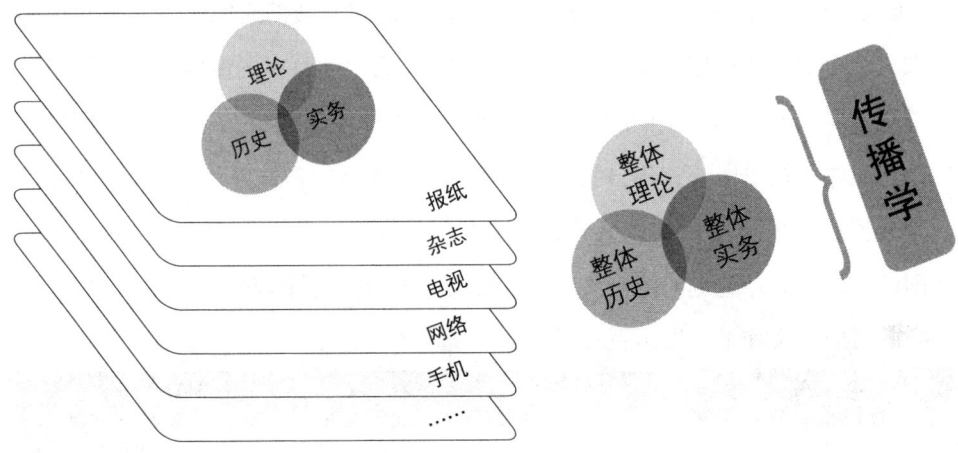

既然，媒介实践是整个传播学知识体系不断发展丰富的引擎，那么，我们在学习传播学知识时，也可实践先行。先重点掌握媒介使用技巧，在实践中用理论引领思考，不断深化对媒介传播规律的认识，最终全面了解媒介发展历史，从历史规律中展望未来。

根据以上思路，结合主要的媒介类型及中小学生的现实需求，我们精心设计了11个媒介实践项目，并在每个项目中以帮助大家顺利完成项目任务为线索，尽量按照理论、历史、实务的类别为大家推介相关书籍。在书目导赏部分，我们为读者简要介绍了每本书在项目实践以及其传播学整体学习中的作用。希望大家在实践中，不仅了解到各种媒介的运用知识及技巧，也能因此产生进一步探索相关理论及历史知识的兴趣。

具体说来11个实践项目包括：旨在帮助大家了解符号意义及其传播作用的"原创动态表情包设计"项目；让大家体验报纸编制过程及体会报纸传播效果的"自制假期主题报"项目；将了解我们生活中各行各业从业者与杂志编写制作相结合的"人物特刊：身边的陌生人采访及电子杂志制作"项目；在中小学毕业的重要时刻，通过制作毕业纪念册，体会书籍的价值与作用的"我的校园毕业纪念册"项目；帮助大家深刻认识手机特性，用科学方法训练自己健康使用手机能力的"赢取手机使用执照"项目；通过拍摄微电影，让文学名著焕发生机的"为世界名著拍微电影"项目；运用公益广告广而告之的特性传播积极理念的"最美××公益广告展"项目；将同学们最喜欢的动画形式与帮助人们学习科学知识的需求相结合的"巧用定格动画讲科普"项目；运用生动直观的漫画形式帮助爷爷奶奶等老年人适应数字生活的"给爷爷奶奶的微信使用说明书"项目；运用最新的社交媒体传播手段，宣传自我、展现兴趣、记录日常，从而结交同好的"微信公众号创意推文"项目；以及运用流行文化缔造原理，积极创造富有文化内涵的文创产品，助力打造健康流行文化的"校园文创产品设计"项目。各项目与媒介类型的对应关系如下表所示：

序号	项目名称	对应媒介类型
1	原创动态表情包设计	符号
2	自制假期主题报	报刊媒体（报纸）
3	人物特刊：身边的陌生人采访及电子杂志制作	报刊媒体（杂志）
4	我的校园毕业纪念册	书籍
5	赢取手机使用执照	手机
6	为世界名著拍微电影	电影（视频）
7	最美××公益广告展	广告
8	巧用定格动画讲科普	动漫（动画）

(续表)

序号	项目名称	对应媒介类型
9	给爷爷奶奶的微信使用说明书	动漫（漫画）
10	微信公众号创意推文	社交媒体
11	校园文创产品设计	流行文化

对于刚出现不久，还不易进行实践体验的智能传播领域，以及较为综合、抽象，同样不便于项目实践的传播学学科整体知识，我们就直接推荐了相关书籍给大家。此外，我们还特意精选了不同媒介领域杰出从业者的经验分享、人生传记。如我国著名报人范敬宜在人民日报社担任总编辑时撰写的工作日志《总编辑手记》，著名记者闾丘露薇对自己多年采访、写作经历进行反思的《不分东西》，著名华人导演李安对自己从懵懂少年到终于成就梦想的坎坷历程的回顾《十年一觉电影梦：李安传》等。所有媒介领域的实务知识都是这些热爱自己事业的从业者在充满激情的实践中发展的，他们不仅是理论的践行者，更是历史的创造者，希望读者在学习传播学专业知识的同时，也能从这些思考和经历中，获得启示，感受力量。

2. 研制书目的过程和原则

在确定了本书的宗旨及编写思路，尤其是考虑到本书的接受对象为中小学生后，我们采用了聘请富有项目式教学经验的专业人员，先根据中小学生的媒介接触、使用情况，设计好实践体验项目，再根据项目需要以及理论、历史、实务、优秀从业者经历的框架遴选书目的方式。对不适宜进行实践体验，但在学科知识体系完整性上十分必需的智能传播、学科整体领域，我们就直接按照理论、历史、实务、优秀从业者经历的框架遴选书目。最终，我们共设计了11个项目，精选了100本图书。

在确定项目主题、细化项目任务、选择书目、撰写导赏的过程中，我们主要遵循以下原则：

第一，强调趣味性，努力拉近传播学与中小学生的距离。俗话说，兴趣是最好的老师。目前绝大多数传播学专业书对中小学生来讲过于专业，阅读难度很大，为了帮助读者克服阅读困难，我们在项目设计中着力凸显了趣味性。如《原创动态表情包设计》《巧用定格动画讲科普》都力争从中小学生感兴趣的事物入手，在引导其完成项目任务的过程中，一边渗透关于符号、动画等媒介的知识，同时努力使抽象、陌生的传播学变得贴近生活、趣味十足。

第二，立足实践，注重实效性。除了用趣味性激发学习热情，在确定项目主题时，我们也特别注意从中小学生的生活实际出发，选择中小学生最熟悉，对他们也最有实用价值的主题设计项目，希望读者通过在运用传播学知识解决实际问题的过程中感受到传播学的应用价值。例如，尽管报纸在生活中的流行程度、影响力都在下降，但中小学生仍常有制作班级黑板报、学校校报或者学科主题小报的需要，为此我们特意设计编写了《自制假期主题报》，在引导中小学生学习报纸编辑专业知识的同时，也努力服务于他们的日常学习。此外，针对中小学生多因手机使用问题与家长、老师发生矛盾的情况，我们特意设计编写了《赢取手机使用执照》，希望中小学生通过阅读专业书籍，了解手机成瘾的深层原因，并用科学方法帮助自己培养和提升健康、科学使用手机的能力。

第三，注重知识的全面性、结构性。尽管用实践引领学习的趣味性强、实效性足，但实践项目无疑更容易与传播学知识体系中的实务知识结合，而融入理论、历史知识相对困难，因此我们在选择书目时以帮助读者建立对传播学知识的结构性认知为目标，无论在传播学整体学科还是在某个具体媒介领域都按照理论、历史、实务、优秀从业者经历的结构来选择书目，希望引导中小学生从兴趣入手接触传播学知识，从表及里逐渐意识到在现象、功能、技巧之上，有更深刻的理论规律及历史脉络。这种对知识结构的认识不仅能指导中小学生对传播学进行深入探索，在其他领域的学习中，也能起到重要的指引作用。

第四，注重前沿性。媒介技术发展日新月异，崭新的传播现象、传播问题层出不穷，因此，无论项目设计还是书目遴选，我们都密切关注前沿，尽量加强项目主题、项目内容的前沿性。例如，《微信公众号创意推文》《校园文创产品设计》试图将最新的媒介生产实践介绍给中小学生，努力提升他们积极有效参与当代文化的能力。在书目遴选方面，我们尽量选取新近出版的作品，一来方便读者购买，二来确保书中内容的时效性。

第五，在书目遴选时注重权威经典性。在兼顾趣味性、实效性、全面性等原则的基础上，在书目遴选中我们还是将一些有较大难度，但极为权威经典的名著涵盖进来，尽管这些书对中小学生极具挑战，适用性较低。如美国著名未来学家尼葛洛庞帝（Negroponte）1996年出版的《数字化生存》一书，不仅出版时间与现在已有距离，书的主题、内容也相当抽象，但这本书是人类社会进入数字化时代的标志性著作，它对人们的启示作用是不容忽视的。此外，著名符号学家查尔斯·桑德斯·皮尔斯（Charles Sanders Peirce）和詹姆斯·雅各布·李斯卡（James Jacób Liszka）的《皮尔斯：论符号 李斯卡：皮尔斯符号学导论》，我国著名新闻学泰斗方汉奇先生主编的《中国新闻传播史》，也都是因为其突出的权威性、经典性而入选的。对于这些书，我们在导赏中为读者指明了引介它们的原因，希望中小学生先了解其重要价值及意义，深入阅读可以等条件成熟后再进行。

最后，着眼于人的发展，注重进行职业启蒙。说到底，学习知识并不只是为了解决眼前的现实问题或单纯为了开阔眼界、愉悦精神。特别是对中小学生来说，帮助他们在无限丰富、五彩斑斓的世界中找到自己的人生之路，最终达成自我实现、获得终身幸福的目标更值得追求。因此，我们编写本书除了促进传播学知识的普及外，更希望能够帮助中小学生在较为深入的体验中，明确自己有无在传播学方向深入发展的志趣。为此，我们在书目遴选中，特意增加了从业者经历这一类目，就是想通过杰出从业者的现身说法，给与读者更长远、更深入的启迪。

3.怎么利用本书来开展项目研究

如前所述，本书共包含11个媒介实践项目以及与之相呼应的100本传媒类书籍导赏。其中媒介实践项目按每个项目聚焦的媒介种类在历史上出现的大致顺序排序；导赏中的100本书中除了包含与项目相呼应的主题外，还包括学科整体及智能传播这两个没有对应项目的主题。尽管用项目实践激发读者的阅读兴趣是本书的创新之处，但本书的项目部分与导赏部分是相对独立的。你完全可以从兴趣出发，无论是因为看到哪个项目引人入胜，立刻投入其中，在完成项目的过程中按照提示找到相应的书阅读；还是因为发现哪本书的书名非常有趣，于是先读了导赏甚至阅读完整本书后，想再体验项目，都没有问题。因为理论与实践本是车之双轮、鸟之两翼，无论怎样开始，都有助于最终目标的达成。但实践体验确实能帮助读者更好地理解抽象的理论以及大量的专业术语，因此，注意在项目实践与书籍阅读中取得平衡是非常重要的。

就11个项目来说，虽然我们不得不按照一定的顺序排序，但每个项目自成一体，项目间并无关联，读者可从任何一个项目开始体验。每个项目都由"项目简介""学习建议""项目任务清单""项目内容"及"项目反思与总结"五个部分组成。建议读者先快速浏览每个项目的"学习建议"以及"项目内容"。其中"学习建议"会给出每个项目的适用学段、组织方式、建议实施时长，读者可根据这些信息判断自己是否具备开展某一项目的条件，并结合项目内容，最终选定适合自己的项目。对于暂时不具备条件开展的项目，如时间精力不允许、缺乏适宜的场地、没有足够多的项目参与者等，读者可以有意识地留意资源，寻找机会，等条件成熟时再开展。

尽管也有适合单人独自实施的项目，如《原创动态表情包设计》《自制假期主题报》，但大多数项目需要小组合作集体完成。特别是对环节较多、任务本身就需要多人配合才能完成的项目，有足够数量的参与者成为开展项目的前提，如《为世界名著拍微电影》《最美××公益广告展》等。但读者很有可能是独自阅读本书，因此，找到能共同参与项目的伙伴，是实施项目的难点。对初、高中学生来说，可以自主尝试与同班同学、邻居好友沟通，努力招募感兴趣的伙伴共同参与。对小学生来说，除了自己寻找伙伴外，也可以向家长或老师求助。

由于大多数项目需要团队合作完成，在项目实施过程中，确保大家目标清晰、分工明确、沟通及时、友好解决分歧、按时完成任务等，不仅是对项目管理者领导能力的巨大挑战，也是对每一位项目参与者合作能力的重要考验。为了协助中小学生顺利参与、实施项目，除了每个项目都提供"项目任务清单"这一管理工具外，根据项目内容，有的项目还配有"团队基本信息及成员分工表"等工具，建议项目管理者有意识地使用这些工具，帮助所有项目参与者明确自身角色，了解项目内容，有条不紊地推进项目。

随着项目的推进，我们会推荐有助于读者完成项目任务的书目，这时读者可在导赏部分先概略了解该书的内容，再找来全书阅读。但为了确保项目进度，此时读者只重点阅读有助于解决问题的章节就好，对全书的系统阅读，可以等到项目结束后，再找时间深入进行。

最后，所谓项目通常都有明确的产品或成果，每个项目参与者自然都希望自己的产品或成果能获得肯定、取得成功。特别要提醒读者的是：第一，对于自己首次尝试或还不熟悉的事，想一次就取得十全十美的结果，是不太现实的，因此无论项目产品或成果表现如何，都不要灰心丧气。第二，与完美的产品或成果相比，每个项目参与者全情投入、努力克服困难、坚持不懈解决问题的过程，会让你对传播学知识有更多的理解和更深的感悟。因此，与关注结果相比，及时总结、反思项目过程中的收获与不足会有更大收获。第三，对于想做出完美产品或成果的参与者来说，任何一个项目都可以反复实施，相信通过不断练习，你不仅会做出越来越好的产品及成果，而且对传播学的认识也会更越来越全面、越来越深刻。

以上就是我们编写此书的原因与目标、过程及原则，以及对读者运用此书开展项目研究的建议。要向大家坦承的是，我们也是第一次做这样的尝试，因此书稿中还有一些缺陷与不足，期待你在实践中为我们查缺补漏，提供改进建议，帮助我们把传播学更好地介绍给更多中小学生。下面，请带着美好的心情，开始你手脑并用、惊喜与收获不断的传播学探索之旅吧！

项目案例

食実日常

原创动态表情包设计

一、项目简介

想表达"喜悦"你会用什么表情？

哪款表情包是你近期最常使用的？

你的收藏夹里排列了多少种表情包？

一提到"表情包"，你是不是可以滔滔不绝地说上好一阵子？其实不只是你，表情包已经成为青年学生最关心的流行文化之一。据中国青年报·中青校媒的一项调查结果显示，87.41%的受访学生经常使用表情包，近六成受访学生表示自己不能脱离表情包，"没有表情包的聊天失去了灵魂"[1]。可以说，表情包已成为当代学生们在虚拟社交中不可缺少的交流工具。

那么，如此喜爱使用表情包的你，有没有想过自己也可以成为设计师，设计一款原创动态表情包呢？如果想，就快来参与本项目吧！本项目将指导你设计专属于自己的动态表情包。如果有机会，你还可以将项目成果投稿至微信表情开放平台，让更多人看到、使用你的作品。

二、学习建议

◆ **适用学段**：设计表情包本身不难，难在理解"符号"的意思。为此，本项目适合小学高年级及以上的学生，因为他们已经能理解"抽象"的含义。

◆ **组织方式**：每个人对表情包的理解不同，喜爱的形象不同，因此，本项

---

[1] 《没有表情包的聊天失去了灵魂——近六成受访大学生表示自己不能脱离表情包》，罗希、毕若旭、程思著，《中国青年报》，2021年。

目适宜以个人为单位进行。如要小组合作完成，建议每组的参与人数不超过3人。
◆ **建议实施时长**：本项目不需要很长的时间，若利用课余时间完成，建议周期为2—4周。

这个项目将帮助你收获以下知识和技能：

◆ 符号学相关知识。
◆ 简笔绘画技能。
◆ Adobe Photoshop、Adobe Illustrator 等平面设计软件使用技巧。

同时，你们还将锻炼并增强以下技能：

◆ 观察能力。
◆ 创意与创新能力。
◆ 抽象思维。
◆ 设计美学。

三、项目任务清单

完成本项目需要经历五个环节。为了让大家更快地了解项目全貌，有序推进项目工作，这里提供了"项目任务清单"。请大家在项目实施过程中有意识地利用好该清单，以便更好地完成所有项目任务。

项目任务清单

环节名称	主要事项	计划完成时间	实际完成时间	参考文献及书籍
项目启动	了解项目流程，做好项目时间规划，填写项目任务清单			

(续表)

环节名称	主要事项	计划完成时间	实际完成时间	参考文献及书籍
知识加油站	了解表情包的前世今生，简单理解"符号"的意思			
制作动态表情包	构思形象			
	确定主题			
	画图及制作动画			
成果发布	应用原创动态表情包			
	拓展：作品投稿			
项目反思与回顾	完成项目反思单			

为准确预估每个环节所需的时间，建议你先读完后面的项目内容、完成要求等，并配合阅读相应的参考书，这样可以帮助你更好地进行项目规划。

四、项目内容

（一）知识加油站

1. 认识符号

欢迎大家来到表情包"知识加油站"！在正式学习之前，咱们先来玩儿一个看图猜谜的游戏吧。

以下是10组用emoji表情组成的图案。每组图案代表了一个成语，你能猜出来它们是什么吗？完整的答案可在本项目结尾处查阅。

:::
我的答案

1.＿＿＿＿＿ 2.＿＿＿＿＿ 3.＿＿＿＿＿ 4.＿＿＿＿＿

5.＿＿＿＿＿ 6.＿＿＿＿＿ 7.＿＿＿＿＿ 8.＿＿＿＿＿

9.＿＿＿＿＿ 10.＿＿＿＿＿
:::

怎么样，你猜对了几组成语呢？游戏之余，你有没有想过，为什么你看到这些emoji表情，就能猜出成语？其实呀，这就是"符号"的力量。符号是传播学领域的重要概念，它是一种象征物，用来指称和代表其他事物。比如，"="在数学中是"等价"的意思；"天坛"象征着"北京"，"解放碑"代表着"重庆"，这都是符号。而以emoji表情为代表的所有表情包，也是"符号"。只要是人们共同约定用来指称一定对象的标志物，我们就称之为"符号"。所以，在你未来设计表情包时，一定要注意"共同约定"，只有你遵循了"共同约定"的原则，大家才能理解你表情包的含义，而不会产生歧义。

如果你想了解更多关于"符号"的知识，可以阅读《趣味符号学》[①]一书，该书用100组有趣的小故事，介绍了符号学的基本道理，用简单轻松的方式，将神秘与晦涩的符号学分享给更多人听。

2.表情包的前世今生

在成为"表情包设计师"之前，建议你先简单了解表情包的历史与发展脉络，这可以帮助你更顺利地选择自己想设计的表情包类型，更从容，也更有创意地完成作品。

1964年，美国平面艺术家哈维·罗斯·鲍尔（Harvey Ross Ball）发明了笑脸表情，在全美乃至整个世界掀起了风潮。很多人把它印在别针、水杯、T恤衫等物品上，以代表提升士气、祝愿开心等意思。随后，类似的表情及产品逐渐丰富，成了一道亮丽的风景。1982年，受到启发的卡内基梅隆大学教授斯科特·E.法尔曼（Scott Elliott Fahlman），将笑脸表情用在了网络论坛上，标志着

[①] 《趣味符号学》，赵毅衡著，重庆大学出版社，2015年。

互联网第一个表情符号的诞生。1998年,"颜文字"(#^.^#)的出现,将网络符号的表情达意功能又往前推进了一步。这种多语言、横排符号组合,在中国、日本、韩国等地形成了规模庞大的粉丝群体,全球拥有超过10亿量级的用户。1999年,emoji 接过了接力棒,促使表情由字符组合转向图形化。2006年,中国传媒大学动画系学生王卯卯创作的"兔斯基"系列表情,则标志着表情包正式走入"动态时代"。

读完以上介绍,你是不是了解了,表情包既有由标点符号组成的,也有静态拟人化的,还有动态的。如果你意犹未尽,还想了解表情包的更多可能,那建议你读读《占领世界的表情包:一种风靡全球的新型社交方式》[①]一书。该书全面介绍了表情符号的一般特征、最常用的表情符号等,相信一定能给你启示,让你设计的表情包更具创意。

(二)制作动态表情包

1. 观察已有动态表情包

模仿是最好的学习,也是创新的基础。在设计自己的表情包之前,请你先仔细观察已有的作品,并将观察结果填入下表中。

具体要求:

(1)至少观察10组你喜欢的表情包。

(2)分析每组表情包包含了多少个表情,从中选择你最常用或最喜欢的3个表情,它们都代表什么含义。

(3)分析你最常用或最喜欢的表情有哪些特点,如每个表情都由文字和图片共同组成、每个表情都由2个形象组成等。

(4)按要求为每组表情包填写"表情包观察单"。

[①] 《占领世界的表情包:一种风靡全球的新型社交方式》,[加] 马塞尔·达内斯著,王沐涵译,浙江大学出版社,2018年。

表情包观察单

1. 这组表情包的名称是：_____。
2. 这组表情包的主要形象是：_____。
3. 这组表情包共包括_____个表情。
4. 我最常用/最喜欢的3个表情以及它们代表的含义是：

含义_____	含义_____	含义_____

5. 我最喜欢的表情包有如下特点：
_____
_____

2.确定主题，构思形象

观察了这么多已有作品，你是不是已经跃跃欲试，迫不及待地想要设计自己的表情包啦！请给你的表情包起个有趣的名字，并且思考表情包的主要形象，把形象画在下面的方格里。

我想设计的表情包

1. 我打算给表情包起的名字是：_____。
2. 我打算用_____的形象作为表情包的原型。
3. 我设计的表情包形象是：

3. 制作动态表情包

确定好表情包的主题和形象后,你就可以大显身手,制作自己原创的动态表情包啦。所谓"动态",其实就是由至少两张静态图片组合而成的动图。你可以使用 Adobe Photoshop 或 Adobe Illustrator 来完成,就是我们常说的 PS 和 AI。

具体要求:

(1)新建不少于 240×240 像素的文件,分辨率为 300 dpi,背景透明。

(2)表情包不少于 16 个表情,包括哭、笑、困、饿、吃惊、沮丧等基础表情。

(3)每个表情至少使用 2 种以上颜色。

(4)最终成品保存为 gif 格式,每个表情文件大小不超过 100 KB。

如果你不知道怎样使用 PS 和 AI 软件,或者对如何让表情包动起来没思路,别着急,你可以仔细阅读《QQ+微信创意表情包设计》[①]一书。该书不仅展示了大量表情包作品,还详细介绍了这些表情包的制作过程及绘制步骤,相信你可以边阅读、边尝试操作,最终顺利完成你自己的表情包作品。

(三)成果发布

1. 发送表情包并记录反馈

祝贺你! 完成了自己制作的动态表情包。现在,请你通过微信、QQ 等即时通讯软件,至少向 3 位师友亲朋发送自己的表情包作品,并告诉他们这是你设计并制作的,看看他们有什么反馈吧!

表情包发布记录

1. 我向_____、_____、_____发送了自己原创的表情包。

2. 收到表情包后,对方的反馈是:

_____

---

① 《QQ+微信创意表情包设计》,刘春雷、汪兰川著,人民邮电出版社,2017 年。

2. 拓展活动：为表情包投稿

除了发送给自己的师友亲朋外，你还可以将表情包投稿至公共平台，以便更多人能看到并使用你的作品。比如，微信表情开放平台就是一个非常好的选择。

经过该平台审核的表情，都会在"微信—我—表情"界面中上架展示，供用户下载和使用。不过需要注意的是，投稿之前，你一定要先看清楚不同平台的"表情制作规范"，只有符合要求的原创表情，该平台才会审核通过！当然，除了"微信表情开放平台"以外，你还可以寻找更多的投稿途径，扩大自己原创表情包的影响力。

总之，期待你设计的表情包有更多曝光机会，能在更大的范围内，被更多的人喜欢并使用！

微信表情开放平台示意图

五、项目反思与总结

到此，项目已接近尾声，但别着急结束，好的反思与总结能够帮助我们发现问题、解决疑惑、获得成长。下面，就请你认真回顾自己参与整个项目的过程，并总结自己的感受、发现与收获吧！

（一）对本项目进行反思与总结

参与《原创动态表情包设计》项目：

与我预期一致的地方是：＿＿＿＿＿＿＿＿＿＿＿＿＿＿＿＿＿＿＿＿

与我预期不同的地方是：＿＿＿＿＿＿＿＿＿＿＿＿＿＿＿＿＿＿＿＿

我最喜欢的是：_____

我感到最有挑战或最头疼的是：_____

如果有机会再参与一遍该项目，我最希望：_____

_____

_____

在本项目中我最有价值的收获是：_____

_____

_____

我还想说：_____

_____

_____

_____

（二）写在最后

再次祝贺你，顺利完成了本项目的所有内容。其实，动态表情包只是一个载体，目的是帮助你认识符号，理解图片、图形如文字一样，都可以表情达意。除了动态表情包，你还可以设计徽标（Logo）、徽章、吉祥物等，这些都是符号，它们都有各自的特点及用途。期待你更多的作品，也期待你对符号表征意义的更多理解与思考。

附：表情包"知识加油站"答案

1. 喜上眉梢　　2. 鸡飞蛋打　　3. 余音绕梁　　4. 一针见血　　5. 花好月圆

6. 心心相印　　7. 群龙无首　　8. 马马虎虎　　9. 全心全意　　10. 耳目一新

自制假期主题报

一、项目简介

　　自上学以来，你是不是经常要参与班级黑板报、墙报的编写与制作呀？语文、科学等学科是不是也布置过做各种主题小报的任务？黑板报、墙报、小报……虽然材质不同、主题各异，但都与媒介家族里的报纸同源。虽然随着网络、手机等媒介的发展，报纸的影响力下降了很多，但报纸的历史悠久，曾在人类历史上发挥过重要作用。例如，我国最早的报纸出现于唐代，称为"邸报"，主要用于中央与地方各级政府的上情下达。随着印刷术的发展和传播，欧洲则在17世纪早期开创了报纸生产。到17世纪40年代左右，报纸的编辑们逐渐发现人们感兴趣的故事让报纸很有销路。美国的第一份报纸则于1690年在波士顿出版，叫做《国内外公共事件报》(*Publick Occurrences Both Forreign and Domestick*)。当时的主编很有创意，在只有四个版面的报纸上用三个版面刊登故事，剩余一个版面则留给读者，让他们把报纸传给他人之前写下自己的故事。如果你对报纸在我国以及世界其他地方发展演变的故事感兴趣，可以详细阅读《中国新闻传播史》[1]以及《认识媒体》[2]一书中有关报纸的章节。

　　说了这么多，你是不是发现报纸并不简单，那你想不想让自己的报纸更专业呀？快找有相同兴趣的小伙伴一起来参加本项目，通过学习专业知识，成为水平一流的报纸编辑吧！

二、学习建议

◆ **适用学段：**由于报纸具有很强的适用性，因此，本项目适合小学中高年

---

[1]《中国新闻传播史》（第3版），方汉奇主编，中国人民大学出版社，2014年。
[2]《认识媒体》（插图第2版），[美]乔治·罗德曼著，邓建国译，世界图书出版公司北京公司，2010年。

级及以上的所有学生。

◆ **组织方式**：一期报纸的版面可多可少，因此，本项目既可个人独立完成，也可以小组为单位合作进行。但为了方便项目参与者协调时间、开会研讨、协同工作，编辑团队人数以3—4人为宜，为报纸提供稿件的记者数量则可不做限制。

◆ **建议实施时长**：本项目适合利用课余时间集中完成，周期以3—5天为宜。

这个项目将帮助你收获以下知识和技能：

◆ 报纸编辑相关知识与技能。

◆ 选题策划、新闻采写的知识与技能。

◆ 报纸制作、发行等方面的知识与技能。

同时，你们还将锻炼并增强以下技能：

◆ 受众意识、服务意识。

◆ 沟通合作能力。

◆ 问题解决能力。

◆ 创新意识。

三、项目任务清单

完成本项目需要经历五个环节。为了让大家更快地了解项目全貌，有序推进项目工作，这里提供了"项目任务清单"。请大家在项目实施过程中有意识地利用好该清单，以便更好地完成所有项目任务。

项目任务清单

环节名称	主要事项	计划完成时间	实际完成时间	参考文献及书籍
项目启动	了解项目流程，做好项目时间规划，填写项目任务清单			

（续表）

环节名称	主要事项	计划完成时间	实际完成时间	参考文献及书籍
报纸选题策划	确定报纸主题、进行稿件策划			
	确定人员分工			
稿件采编与排版	准备稿件			
	报纸排版			
报纸制作与发行	报纸制作			
	报纸发行			
	了解读者反馈			
项目反思与回顾	完成项目反思单			

为准确预估每个环节所需的时间，建议你先读完后面的项目内容、完成要求等，并配合阅读相应的参考书，这样可以帮助你更好地进行项目规划。

四、项目内容

（一）报纸选题策划

1. 确定报纸主题

仔细观察你会发现，尽管有像《人民日报》《光明日报》《参考消息》这样的综合性报纸，它们的内容覆盖政治、经济、科技、文化、军事……各种议题，但更多报纸会选择特定人群或某一主题，如针对不同人群的《中国少年报》《中国老年报》《解放军报》；或聚焦某一主题的，如《中国旅游报》《金融时报》《电脑报》《当代健康报》……这是因为报纸的版面有限，不同读者的信息需求和阅读喜好又有很大区别，因此报纸包含的主题越多，导致一方面需要的工作人员就越多，如《人民日报》《参考消息》需要有两三百名编辑、记者才能正常运转；另一方面报纸的特色就不易凸显。对同学们来说，由于我们的人数、精力都有限，因此选择特定主题，办特色鲜明的专题报纸更适合。

可是选择什么主题好呢？熟悉读者需求是选准报纸主题的前提，从大家的生活实际来看，同班同学也许是大家最熟悉、最了解的，那么，仅以同班同学为目标读者举例的话，具体的报纸主题可以按下面的思路确定。首先，从选题策划，到稿件采写、编辑……需要不少时间，建议大家在寒暑假时间较为充裕的时候进行。大家可从办报的时机出发，仔细思考哪些内容会对同学们有用或有吸引力。如果你选择暑假即将开始时为全班同学办一期报纸，那可以锁定"暑假安全提示"这个主题，因为暑假气候炎热，不少同学会进行水上娱乐活动，这时如何预防溺水、确保人身安全就是很重要的话题；假期里同学们经常需要独自在家，那么用电、用气的安全知识也很有必要及时传播给大家；如果外出游玩，如何预防走失、预防中暑、预防食物中毒……真的遇到人身危险、突发情况，应该如何处置等议题也对大家很有帮助；寒假是大家回家探亲、阖家团圆的时候，而我国各地风俗迥异、趣味十足，那么在寒假即将结束时，就可以编辑制作一期《春节习俗速览报》，面向全班同学征集各地不同的春节习俗、地方趣事，相信同学们一定都很感兴趣。

怎么样，你发现了吗？从自己熟悉的人群出发，先确定目标读者，再根据自己的办报时机，选择当时对读者最有用或最有趣的内容，是确定报纸主题的好方法。快和你的项目伙伴们一起讨论确定你们的报纸主题吧：

确定报纸主题策划表

1. 我们希望服务的读者对象是：＿＿＿＿＿＿ 因为：＿＿＿＿＿＿
2. 针对我们选定的读者对象，我们确定的报纸主题是：＿＿＿＿＿＿
3. 因为：＿＿＿＿＿＿
4. 我们希望达成的传播目标是（根据时间选择其一即可）：
（1）帮助读者 提高安全意识、学习预防溺水、确保用电、用气安全的知识……
（2）或者，帮助读者 了解不同地区的春节习俗……
（3）或者，＿＿＿＿＿＿
（4）或者，＿＿＿＿＿＿

2. 进行稿件策划

确定报纸主题后，你和项目伙伴就可以共同商讨确定版面数量、版面细分主题，每个版面稿件主题、数量、样式等问题了。这个过程就是报纸的编辑策划过程，你可以通过阅读《当代报纸编辑学》[①]，特别是第二章《报纸的基本设计》以及第三章《新闻策划与报道》，来思考你们如何围绕报纸主题制订具体计划。

不过《当代报纸编辑学》是针对大学生的专业教材，如果你觉得内容太深奥，也可以借助下面的稿件策划表来进行规划。

《_____报》稿件策划表

版面编号	版面主题	主要内容	稿件策划
版面1			稿件1：稿件主题_____ 　　　　大致字数_____ 　　　　是否需要图片_____ 　　　　其他需注意问题_____ 稿件2： 稿件3： 稿件4：
版面2			稿件1： 稿件2：
版面3			
版面4			

[①] 《当代报纸编辑学》(第2版)，甘险峰著，中山大学出版社，2013年。

以《暑假安全提示报》为例，可细分为"头版""预防溺水版""独自在家的安全常识版""外出安全版"等版面。其中"头版"可主要通过典型案例引起大家对暑假中人身安全问题的重视；"预防溺水版"专题介绍水上娱乐的安全注意事项、自救技巧等；"独自在家的安全常识版"重点介绍同学们独自在家时，使用电器、燃气等需注意的问题以及出现危险时的处置方法；"外出安全版"则可以专门就同学们外出游览、参加户外活动时可能遇到的安全问题进行提醒及相应处置方法介绍。围绕每个版面的主题，大家可再细化所需稿件的数量、每篇稿件所需的大致字数，是否需要图片等。为了让报纸的版面形式丰富、在视觉上有吸引力，大家在策划时应注意，每个版面以有3—5篇稿件为宜，因此每篇稿件的篇幅不应过长。稿件形式最好能图文兼顾，既不能全是文字，也不能图片过多，每个版面有1—2幅图片比较合适。

3.确定人员分工

确定好报纸主题，做完稿件策划后，大家可根据各自的专长进行团队组建以及人员分工。但在实际工作中，"稿件策划"与"人员分工"常常同时进行，人手充裕时，版面数量就可以多一些，稿件形式也可以丰富一点；但如果人手有限，那么版面就可以精简，形式也可以简朴些。此外，报纸的稿件除了由记者采访撰写之外，也可以由编辑在其他媒体已经发表的稿件中选择，获得作者授权后，进行转载或改编。一份报纸从编辑到制作发行、读者调研通常需要编辑、记者、技术、发行四个不同岗位的人员通力配合，其中，不同角色或部门的定位及主要职责如下：

- ◆ **编辑部**：由总编辑、版面编辑构成，负责确定报纸主题并组织召开稿件策划会，根据策划结果，给记者布置稿件采写任务，负责稿件编辑、排版等工作。
- ◆ **记者部**：由多位记者构成，参与稿件策划会，按照编辑要求，进行稿件采访及写作。
- ◆ **技术部**：主要由美编构成，负责报纸的版式设计、图片处理、插图设计等工作。

◆ **广告发行部：**负责报纸的推广发行、读者意见调研等。

真实报社的岗位设置会比上面所说的复杂一些，但基本就是这样。对同学们来说，如果报纸最终采用纸笔方式制作，那技术部的美编可以由擅长书法、绘画的同学担任；如果项目成员中有擅长电脑图文软件的同学，那也可以考虑用电脑排版，然后将报纸打印出来。下面就请你和项目伙伴结合稿件策划情况以及大家的专长讨论填写分工表，好让大家明确各自的岗位及职责吧。

《_____报》人员分工表

序号	角色	具体岗位	姓名	具体职责
1	编辑	主编		
		版面编辑1		
		版面编辑2		
		版面编辑3		
2	记者			
3	技术	美术编辑		
		电脑操作		
4	发行			

（二）稿件采编与排版

1. 稿件采编

经过精心策划、分工，终于要进入稿件采编环节啦。在条件允许的情况下，如果能有本报记者根据各版面的需要进行原创稿件的采访、写作，当然是最好的，这样的稿件能完美贴合报纸主题，而且其时效性、原创性也最高。但如何寻找合适的采访对象，在采访中如何提出好问题，采访结束后应该如何整理、记录采访过程、撰写文章，都极大地考验记者同学的智慧。如果大家缺乏思路，不仅可以参考《从菜鸟到专业：萌新记者成长手册》[①]，也可以参考更加专业的《通讯员新闻采写一本通》[②]。

仍以《暑假安全提示报》为例，其中"预防溺水版"所需的稿件，可通过采访体育老师、游泳教练完成；"外出安全版"需要的稿件，可通过采访学校的安全干事或你家所在社区的民警获得。

但如果采访对象匮乏，或者记者人手不足，编辑同学也可以根据需要上网搜索或从其他报纸、杂志上选取已经发表的文章，获得作者授权后，通过加工改编，使之符合报纸要求。但在选取、编辑已有文章时，应高度关注稿件来源的可靠性、权威性，同时也要注意稿件的时效性，内容的准确性、趣味性，等等。

2. 排版

稿件都准备好后，编辑同学就可以尝试排版了。这个环节大家可重点参考《当代报纸编辑学》一书的第十章《稿件的配置》及第十一章《版面编辑》。

通过阅读你会发现把稿件在版面上安排妥当要注意的问题可真不少。既要注意"区序"（又叫版位）也要兼顾"版序"。因为报纸有若干版，而每个版面吸引读者的程度并不相同。如读者拿到报纸，首先映入眼帘的就是头版，因此在各版中，头版最具优势，通常都作为要闻版。而翻开报纸，读者的目光会自然地落在右边第3版上，因此第3版要比左边的第2版更为重要。即使在一个版面上，不同位置对读者的吸引力也有区别，比如研究表明读者通常从报纸版面的右上角开始阅读，目光常以顺时针的顺序移动，因此一个版面的右下角比左下角更具吸引力，而左上角是最不易获得读者关注的位置。此外，报纸排版时，还有关于"分栏""版式""字体""字号""线条""插图""色彩"等各种讲究，赶紧通过学习，提升你们报纸排版的专业性吧。

范敬宜是我国著名的新闻工作者，他曾长期担任我国第一大报《人民日报》的总编辑。如果你想了解他是如何开展编辑工作的，那你可以找来他撰写的《总

[①]《从菜鸟到专业：萌新记者成长手册》，谭峰著，人民日报出版社，2020年。
[②]《通讯员新闻采写一本通》（第2版），王卫明、倪洪江主编，人民日报出版社，2018年。

编辑手记》[1]一书仔细阅读。特别是其中第十一章《编辑工作大有可为》、第十四章《版面编排要敢于创新》、第十五章《图文并重两翼齐飞》等内容，一定会让你获得启发。

（三）报纸制作与发行

1.报纸制作

现在正式出版的报纸通常采用激光照排批量印刷的方式制作，但对同学们来说，纸笔誊写可能更方便。如果你和项目伙伴打算采用纸笔誊写方式制作报纸，那么，要提前确定好纸张大小，选好誊写工具。特别要检验一下纸张能否支持双面写画，因为纸张太薄的话，双面写画会因笔墨渗透，造成字迹模糊、图形受损等问题。做好测试后，擅长书画的美编同学就可以按照编辑的排版要求进行文字的誊写以及插图的绘制了。对于无法绘制的复杂图片，可以用打印机打印出来，然后裁剪、粘贴到相应位置。

如果项目成员中有能熟练使用 Word、PowerPoint 等图文编辑软件的同学，你们也可以尝试用电脑排版。

在制作报纸的过程中，找一份正式出版的报纸放在手边随时参考，可以帮你们把报纸做得更专业。

2.报纸发行

报纸制作好后就到了激动人心的发行环节。这时电脑排版的优势就显现出来了，因为电子文件可以轻松打印多份。如果条件允许，全班同学人手一份也没问题。即使不打印出来，报纸的电子版文件也能非常方便地通过班级 QQ 群、微信群发送给每位同学，也更容易邀请同学们的家长亲朋来阅读。但是，如果大部分同学都用手机阅读电子文件，可能会遇到字太小、看不清等问题，负责发行的同学要考虑到读者的阅读条件，并想出合理的解决办法。

---

[1] 《总编辑手记》，范敬宜著，人民日报出版社，2010年。

纸笔誊写的报纸在发行时可能会遇到困难,因为要用纸笔誊写多份报纸实在太耗时费力,不太可行。但你可能会说,没问题,我们有办法解决,如用手机将誊写好的报纸拍成照片,然后将照片通过班级QQ群、微信群等渠道发送给同学及其亲友。这么做是否可行,请负责发行的同学通过调查和验证,创造性地解决难题。

总之,负责发行的同学应开动脑筋,努力将报纸发送给尽可能多的目标受众。

3. 了解读者反馈

大家选定的报纸主题、精心策划的稿件是否达到了预期的传播效果呢?只有读者能回答这个问题。负责发行的同学应对读者的阅读感受进行调查,为全体项目成员评估报纸传播目标的达成情况提供依据。

但要注意,调查读者意见的时机很重要,不能在刚把报纸发给同学们时就立刻询问,因为这时同学们还没有时间仔细阅读全报;太晚进行调查,同学们对报纸的印象可能就不够清晰,所反映的内容可能也会多有遗漏。如何能既全面又准确地了解同学们对报纸的意见,也是负责发行的同学要解决的问题。

五、项目反思与总结

到此,项目已接近尾声,但别着急结束,无论这一次制作的报纸是否受欢迎,及时总结经验,都可以帮助你下一次把报纸办得更好。下面,就请你认真回顾自己参与整个项目的过程,并及时总结自己的感受、发现与收获吧!

(一)对本项目进行反思与总结

参与《自制假期主题报》项目:
我的最大收获是:_____
_____

我对报纸制作的新认识包括：_____
_____

在报纸制作的各环节中，我觉得_____环节最有意思，因为：_____
_____

_____环节最有挑战，因为：_____
_____

如果还有机会为同学们制作报纸，我想：_____
_____

我还想说：_____
_____
_____

（二）写在最后

祝贺你顺利完成了本项目的所有内容。尽管现在看报纸的人不像以前那么多了，但其实人们对信息的需求量并没有减少，有价值的信息对人们的帮助作用也并未降低，只是人们现在获取信息的渠道、浏览信息的载体发生了变化。本项目的目的是帮助你通过加工整理、生产创造信息培养为他人提供服务的意识及能力，这种能力将使你在未来的信息社会立于不败之地。因此，不论这次办报的结果是否理想，都别着急，请根据读者的反馈不断改进你们的做法，你最终一定会成为信息加工高手的。

人物特刊：身边的陌生人采访及电子杂志制作

一、项目简介

对门住户是做什么工作的？

快递小哥是哪里人？

小区保安来小区工作多久了？

每天帮我们打饭的食堂阿姨是否也有一个和我们同龄的孩子？她下班后最喜欢干什么……

上面这些问题，你是不是不知道怎么回答，甚至没想过要了解？其实不只是你，大多数现代人都不知道怎么回答。人类学家项飙曾提到过一个现象，叫做"附近的消失"。他认为，我们的日常生活就是由邻居，楼下打扫卫生的人，门口卖水果、卖菜的人，物业保安等组织起来的。没有他们，我们的生活就无法正常运行。但我们对这些"附近"常常是视而不见的。[1]

为了"重建附近"，欢迎你参加《人物特刊：身边的陌生人采访及电子杂志制作》项目。在本项目中，你将通过提问、采访、记录，了解身边的陌生人，并将他们的故事编辑成电子杂志，让更多的人有机会认识这些"熟悉的陌生人"，最终达成拉近人与人之间距离的目的。

好啦，话不多说，让我们开始行动吧！

二、学习建议

◆ **适用学段**：为提升项目效果，本项目最好由项目参与者努力接触生活中

---

[1] 《"重建附近"：年轻人如何从现实中获得力量？——人类学家项飙访谈（上）》，项飙、康岚著，《当代青年研究》，2023年。

不同年龄、不同身份的人，这对小学生来说有点困难，因为小学生的生活经验有限，对不同职业、不同特点的人很难提出有针对性的问题，也就很难发现不同人群的特点。为此，本项目更适合初中及以上学段的学生参与。

◆ **组织方式**：本项目不仅内容较多，所需的技能也比较复杂，所以建议读者以小组合作的方式参与本项目，每组人数以5—6人为宜。

◆ **建议实施时长**：本项目涉及大量的采访及稿件撰写工作，需要在学校或生活社区内完成，建议利用课余时间完成。为保证杂志内容的时效性，项目总周期建议不超过3个月。

这个项目将帮助你收获以下知识和技能：

◆ 初步学习采访与写作的基本知识，体验杂志的制作流程。

◆ 初步学习讲好故事的策略与方法，挖掘日常生活的意义与价值。

◆ 了解各行各业的劳动者，对社会分工、现代社会的运转机制等有更深入的感知及思考，经由对各行业劳动者的了解，由衷地感激各行各业劳动者的付出，尊重并珍惜劳动者的劳动成果。

同时，你们还将锻炼并增强以下技能：

◆ 观察与思考的能力。

◆ 提问的能力。

◆ 沟通交流能力。

◆ 文档编辑能力。

三、项目任务清单

完成本项目需要经历六个环节。为了让大家更快地了解项目全貌，有序推进项目工作，这里提供了"项目任务清单"。请大家在项目实施过程中有意识地利用好该清单，以便更好地完成所有项目任务。

项目任务清单

环节名称	主要事项	计划完成时间	实际完成时间	参考文献及书籍
项目启动	认识杂志			
	团队组建及分工			
	了解项目流程，做好项目时间规划，填写项目任务清单			
选题与采访	观察生活中的陌生人，召开选题会，进行选题策划			
	设计采访提纲并进行人物专访			
写作	根据采访素材撰写人物专访稿			
编辑	稿件编排，制作电子杂志			
发行	发布电子杂志			
项目反思与回顾	完成项目反思单			

为准确预估每个环节所需的时间，建议你先读完后面的项目内容、完成要求等，并配合阅读相应的参考书，这样可以帮助你更好地进行项目规划。

四、项目内容

（一）认识杂志

在项目正式开始之前，我们需要先了解一下什么是"杂志"。正确地认识"杂志"，将有助于你顺利完成下面的任务，并理解为什么选用杂志这种媒介来介绍"身边的陌生人"。

杂志是一种有固定刊名，定期或不定期连续出版的印刷读物。它根据一定的编辑方针，将众多作者的作品汇集成册进行出版。杂志的原型是战争时期的宣传小册子，因为这种小册子比书籍的出版周期更短，像报纸一样更具有时效性；但又比报纸的篇幅长，像书籍一样注重深度，非常有特点，所以这种新的媒体形式就被保留下来了。目前可考证的世界上最早的杂志是1665年法国人萨罗出版的《学者杂志》；1833年，郭实腊在广州创办的《东西洋考每月统记传》被认为是我国最早的杂志。

现在的杂志非常丰富，内容也更加多样。每个人都可以根据自己的兴趣，找到相关领域的杂志，并通过杂志，认识更多志同道合的作者和读者。《时代》(Time)、《国家地理》(National Geographic)、《财富》(Fortune)、《VOGUE》、《经济学家》(The Economist)是受众数量极大的杂志，它们都登上了"世界杂志100名"榜单；而像《我们爱科学》《少年文艺》等都是深受中小学生喜欢的杂志。如果你对中国期刊的发展历史感兴趣，可以详细阅读《中国期刊史》[①]（全5卷）这套史料翔实、案例丰富的著作。

随着科技的发展，读者越发不满足于只有文字、图片的纸质杂志，而纸质杂志因多选用铜版纸、彩色印刷，制作成本相当高，为此，"电子杂志"应运而生。电子杂志兼具了纸质杂志及电子媒体的特点，可以呈现文字、图片、声音、视频、超链接等给读者，且制作成本低廉、传播速度快，深受读者喜爱。

基于上述特点，"身边的陌生人"项目用电子杂志的形式呈现更为合适。因为报纸的篇幅太短，无法详细记录"陌生人"的经历；书籍的篇幅又过长，且时效性不高；杂志的篇幅和时效性都刚刚好。采用"电子杂志"的制作方法，既可以节省制作成本，又可以快速传播，一举多得。

（二）团队组建

一本杂志的诞生，要经历采访、写作、编辑、美编、发行等多个环节，一个

[①]《中国期刊史》（全5卷），石峰等著，人民出版社，2017年。

人很难搞定，需要团队的力量来完成。为此，组建一个团队，并给团队中的成员明确分工，是成功制作杂志的前提。通常来讲，一个真正的杂志社主要包含社长、副社长，记者部、编辑部、设计部、事业发展部、读者服务部等多个角色和部门，其中，每个角色或部门的定位及职责如下：

◆ **社长**：社长是一个杂志社的灵魂，通常来讲，也是杂志社的最高领导。社长对外代表着杂志社的形象，对内全面领导杂志社的工作，指引杂志社发展的方向。如制订业务工作的长远规划及年度工作计划等，都是社长的重要职责。

◆ **副社长**：副社长在社长的领导下开展工作，主要的职责是处理杂志社的日常事务。

◆ **记者部**：由多位记者构成，主要的职责是策划选题、采访与撰写稿件，常与编辑部配合工作。

◆ **编辑部**：由总编辑和多位编辑构成，参与选题计划的制订和策划，对记者供稿进行粗选、初审，负责杂志的版式、版面、编排等工作。

◆ **设计部**：主要由美编构成，负责杂志社正常刊物及特刊的版式设计工作，将编辑提供的材料制作成为成品杂志；负责杂志社各类广告的设计。

◆ **事业发展部或广告发行部**：负责杂志的推广发行、广告销售等工作。

◆ **读者服务部**：负责读者的维护工作，如建立长期读者档案、开展读者意见调查、举办各类形式的读者交流会等。

虽然咱们这个项目不需要这么复杂的团队，但至少应包括组长、记者、编辑、美编、发行这几个角色。其中，组长类似"社长"，负责统筹整个项目，记者和编辑的工作量会稍大，建议各安排2位同学担任。如果大家的时间、精力充足，每个人可承担1—2个角色，以便体验不同岗位的工作特色。

快邀请志同道合的小伙伴，组建自己的团队吧！在组建团队时，请你完整填写下表，这将有助于你思考，哪个小伙伴适合哪一角色；同时，该表也能让每位小伙伴清楚自己在小组中的角色和工作。

团队基本信息及成员分工表

1. 我们的小组名称是：_____

2. 我们的组长是：_____，组长的具体职责包括：_____

3. 通过思考，我们认为：

（1）承担**记者**角色的小伙伴应该有善于沟通、口齿清晰、_____特质，擅长_____

（2）承担**编辑**角色的小伙伴应该有_____特质，擅长_____

（3）承担**美编**角色的小伙伴应该有擅长美术、_____特质，擅长_____

（4）承担**发行**角色的小伙伴应该有_____特质，擅长_____

（5）承担____角色的小伙伴应该有_____特质，擅长_____

为此，我们将成员进行了如下分工：

序号	角色	数量	姓名	主要工作
1	记者			
2	编辑			
3	美编			
4	发行			
5				
6				

（三）选题与采访

1.了解选题会和找选题的方法

开好选题会是制作一本杂志的重要开端，因为选题会将为某期杂志的主旨、风格和创作方向定基调。通常来讲，选题会由社长、记者和编辑参加。在召开选题会之前，每个参加会议的人都需要预先准备多个选题，包括期望的题目和主要思路。召开选题会时，大家逐一介绍自己的选题。最终，社长、总编辑与富有经验的资深记者、编辑将根据杂志的定位与杂志读者的特色等确定合格的选题，并分派给合适的记者、编辑跟进。记者拿到通过的选题后，会按照选题会的思路进行采访、写作，在整个过程中，记者经常需要与编辑沟通，来确定具体的采访提纲、写作重点和文章大致字数。这是因为编辑通常会负责整个版面的编排，最了解全局，也就是稿件和稿件之间的关系；而记者通常只负责单篇或某几篇稿件，对杂志整体的把握要逊于编辑。

既然选题会如此重要，那在开会之前，你要如何准备选题呢？以下几个方法能帮助你找到选题。

（1）选题来源于生活。这意味着你要留心观察生活中的人与事。杂志社的人常说，"记者通过'扫大街'用眼睛发现选题，通过'盲聊'从别人口中发现选题"就是这个意思。建议你在课余时间，多走进社区、市场、图书馆、体育馆、食堂、广场……多与人聊，多问问题，在闲谈中捕捉有用信息。

（2）找"季节性"选题。准备一张日历表，上面包括重大节日、纪念日、重大赛事、季节变化等。比如，每年的1月10日是中国人民警察节，你可以采访附近派出所的民警，看人民警察是怎么保护街道安宁的；大雪纷飞的时候，你可以采访学校的物业工人，了解他们除雪的辛劳和不易。

（3）从近期新闻中找"雷同"选题。多看"同行"的报道，给自己找灵感。比如，最近清华大学的保洁阿姨因为自学弹钢琴广受瞩目，你可以顺着这个思路，发掘身边"陌生人"的特殊才华，作为自己的选题。

总之，和你的小伙伴一起，召开一次选题会。具体要求是：

（1）观察身边的陌生人，并在参会前，每人至少准备3个选题，即确定要采访的对象并提供理由，作为你参加选题会的备选选题。

（2）大家从所有选题中，挑选8—10个作为正式选题，作为下一步采访的对象。

（3）将8—10个正式选题分配给合适的记者、编辑，并确保大家理解采访、报道的重点。

（4）将选题和选题会结果，如实记录在下表中。

选题会记录表

我准备的选题是：

（1）拟采访_____，理由是：_____

（2）拟采访_____，理由是：_____

（3）拟采访_____，理由是：_____

选题会决定的选题是：

（1）_____ 负责人：_____

（2）_____ 负责人：_____

（3）_____ 负责人：_____

（4）_____ 负责人：_____

（5）_____ 负责人：_____

（6）_____ 负责人：_____

（7）_____ 负责人：_____

（8）_____ 负责人：_____

（9）_____ 负责人：_____

（10）_____ 负责人：_____

2. 设计采访提纲并进行人物专访

通常记者在采访前，都会精心准备"采访提纲"。"采访提纲"是记者在采访前所草拟的任务大纲，涵盖了采访活动的目的、时间、地点以及可能发生的情况，对记者顺利完成采访起到辅助作用。下表是常见的采访提纲样式，供你参考。

采访提纲

采访目的	
采访时间	
采访地点	

(续表)

采访对象	
采访工具	录音笔或有录音、录像功能的手机,便于书写的笔记本、笔、_____
采访问题	对象A:_____ 问题:(1)_____ 　　　(2)_____ 　　　(3)_____ 　　　(4)_____ 　　　(5)_____ 对象B:_____ 问题:(1)_____ 　　　(2)_____ 　　　(3)_____ 　　　(4)_____ 　　　(5)_____ 对象C:_____ 问题:(1)_____ 　　　(2)_____ 　　　(3)_____ 　　　(4)_____ 　　　(5)_____

采访提纲中,最重要的部分就是"采访问题"。提问质量的好坏,直接决定采访能不能最终写出好文章。因此,建议你在设计采访提纲前,先仔细阅读《提问》[1]和《人民日报记者说:典型人物采访与写作》[2]这两本书。这两本书中关于提问方法及技巧的详细介绍,能让你在采访时,更加深刻地认识和理解采访对象,发现人物的闪光点和与众不同之处。

当你了解了提问的方法和技巧后,请完成:

(1)为每位采访对象撰写一份采访提纲。

(2)邀请采访对象进行人物专访,在征得同意后用纸、笔及录音、录像设备

---

[1] 《提问》,杨澜著,浙江文艺出版社,2020年。
[2] 《人民日报记者说:典型人物采访与写作》,人民日报地方部编,费伟伟主编,人民日报出版社,2016年。

进行记录。

（3）请给采访对象拍照，但在拍照前应征得被采访对象的同意，此外，建议你在采访中或采访后向采访对象要一些过去的照片备用，因为排版时如能有与内容相配合的图片，将大大提升杂志版面的美感。

3. 撰写人物专访稿

完成采访后，你需要根据采访素材撰写人物专访稿。人物专访稿属于记叙文范畴，也包含了诸多报告文学特质的新闻形式。下面的一些建议，能帮助你写出一篇好的人物专访稿：

首先，在撰写文章前，你必须熟悉访问对象的主要经历和成就。

其次，要注意突出重点，勾画出访问对象的举止、神态和性格特点。

再次，要善于发掘专访对象生活中的趣事或独特爱好、特殊经历，以便从多方面展现人物丰富的精神面貌和内心世界。

说了这么多，归根结底，写好人物专访稿最重要的就是会"讲故事"。如果你有"讲好故事"的能力，你的文章一定会受到读者欢迎。《南方周末写作课》[1]和《〈华尔街日报〉是如何讲故事的》[2]这两本书，将给你一些讲好故事的窍门，赶紧找来看看吧！

学习完"讲故事"的方法后，请你尝试：

（1）根据采访素材，为每个采访对象撰写一份人物专访稿。每篇人物专访稿不少于1000字，整本杂志建议包含8—10篇采访稿。

（2）确保人物专访稿语句通顺，没有错别字。

（3）人物专访稿需要图文并茂，每张图片下要有图片说明。

（4）写好人物专访稿后，请交给采访对象过目，以确保文章内容属实，没有断章取义。

定稿后，请及时将人物专访稿交给编辑，由编辑排版制作成电子杂志。

---

[1] 《南方周末写作课》，南方周末编著，中信出版社，2021年。

[2] 《〈华尔街日报〉是如何讲故事的》，[美]威廉·E.布隆代尔著，徐扬译，华夏出版社，2018年。

（四）制作电子杂志

待记者完成所有人物专访稿的撰写，将稿件交给文字编辑后，很重要的一步就是由文字编辑对稿件进行编辑加工。

编辑加工主要包括两方面的内容。一是审校稿件，即文字编辑通过阅读记者提供的初稿，对稿件进行查错，确保稿件中没有错别字、错误的标点符号以及病句；二是修改稿件，即文字编辑在一定程度上修改、改写稿件，对稿件进行润色，调整稿件的语言风格和格式等。

待所有稿件定稿后，美术编辑就可以开始制作电子杂志了。

通常来讲，一本杂志由封面、封底、目录、内页等基本要素构成。编辑在排版之前，可以参考一些成熟的杂志，以便你对杂志有个具体的印象。《三联生活周刊》《人物》等都是质量很高的杂志，建议大家找来借鉴。

制作电子杂志的软件很多，常用的文字处理软件都可以进行排版。如果你们小组的电子文档制作水平很高，那还可以尝试挑战专业的电子杂志制作软件，如 Zmaker 等。但请注意，技术只是制作杂志的一个方面，排版更重要的是版式设计的思维。版式设计得好，读者阅读时就更容易被吸引，不容易走神或忽略关键信息。你可以从《版式设计就这么简单》[1] 这本书中学习版式设计技巧，并

---

[1] 《版式设计就这么简单》（第2版），SunⅠ视觉设计编著，电子工业出版社，2017年。

将其应用在自己的作品中。

这个环节，请编辑和美编完成下面的工作：

（1）为记者发来的稿件排版，确保每篇稿件图文并茂。

（2）整本杂志至少包括封面、封底、目录和内页几个部分，页数不少于30页。

（3）制作完成后，生成pdf格式的文件。

（五）杂志发行

祝贺你们成功战胜选题策划、采访、稿件撰写及排版等众多环节的挑战，终于完成了电子杂志的制作工作！下面，请你们努力将杂志发行出去，以帮助更多的人认识和了解你们身边的"陌生人"吧。你们可以采取线下和线上并行的方式发行你们的杂志。所谓线下方式，如将你们的电子杂志打印出来，放在学校的图书馆、阅读室，请老师同学们阅读品鉴；所谓线上方式，指你们可以将电子杂志通过微信群、学校微信公众号、QQ群等线上渠道传播出去。总之，请负责杂志发行的同学努力做到：

（1）至少选择两种发行渠道，将杂志传播出去。

（2）确保读者不少于20人。

（3）努力收集读者的反馈，并如实填写下表。

杂志发行方式及读者反馈记录表

1. 我们打算通过_____、_____方式发行杂志，因为_____

2. 自___月___日至___月___日，我们的杂志共有___位读者。

3. 读者对杂志的反馈是：

读者1：_____

读者2：_____

读者3：_____

五、项目反思与总结

不知不觉中项目已接近尾声，回想整个历程，你是不是有很多感想及收获呀？下面，就请你认真回顾自己参与整个项目的过程，并及时总结自己的感受、发现及收获吧！

（一）对本项目进行反思与总结

参与《人物特刊：身边的陌生人采访及电子杂志制作》项目：

我最大的收获是：_____

我经历的最大挑战或最头疼的是：_____

我最开心的是：_____

我最遗憾的是：_____
_____

我还想采访的是：_____
_____

我对杂志的新认识是：_____

我还想说：_____
_____
_____
_____

（二）写在最后

再次祝贺你们克服重重困难，顺利完成了本项目的所有内容。相信通过这个项目，你不仅对杂志的制作流程，对记者、编辑的职业有了更深的了解，也对身边的人和事有了新的认识和理解。"身边的陌生人"只是适合编写杂志的一种主题，今后的日子里，你还可以认真观察生活，发掘更多适合用杂志呈现的主题，制作出更多精美、有趣的电子杂志。

　　加油呀！

我的校园毕业纪念册

一、项目简介

你知道吗？1995年联合教科文组织宣布4月23日为"世界读书日"（World Book and Copyright Day），旨在让各国政府与公众更加重视图书这一传播知识、表达观念的交流形式。为什么图书那么重要呢？在人类历史长河中，图书是人们传播知识、承载智慧的最重要的途径之一，对人类文明的传承与发展起着不可替代的作用。随着技术的发展，各种形式的音频、视频等信息传播载体的出现，对书籍这种传统媒介造成了一定的冲击。不过书籍也在与时俱进，开始与数字媒体技术融合，其承载形式、工艺也在发生变化，改变着人们的阅读形式和习惯。一些交互性的电子书籍以及结合现代印刷工艺的立体书籍都在丰富读者的阅读体验。

那么临近毕业的你，一定会对朝夕相处的老师、同学、校园产生依依不舍的感情。制作校园毕业纪念册，并印刷出来，这样不仅可以把美好的校园生活留在我们的记忆中，还方便我们进行保存和传递，让你跟更多人分享这段校园生活的记忆。

你将在本项目中制作一份校园毕业纪念册，记录你的校园生活，写下你对学校的感激以及对未来求学生活的畅想，给你本阶段的校园生活画上圆满的句号。

二、学习建议

◆ **适用学段**：小学或初中毕业年级学生。小学阶段学生只尝试用PowerPoint去制作毕业纪念册即可，初中阶段需要尝试使用Photoshop等其他软件美化、设计照片，进行制作。如果有余力的学生，也可以尝试使用 InDesign 这种电子书籍排版软件进行电子书籍的设计。
◆ **组织方式**：项目可单人完成，也可小组合作完成，建议小学每个小组不超过5人，初中每个小组不超过3人。
◆ **建议实施时长**：本项目的实施时长可短可长，视毕业纪念册的精细程度决定。若利用课余时间进行，建议周期不超过1个月。

这个项目将帮助你收获以下知识和技能：

◆ 了解书籍相关知识，初步学习排版的相关技巧。
◆ 初步掌握 PowerPoint、Photoshop 等电子软件的使用方法。
◆ 提高文本写作能力。

同时，你们还将锻炼并增强以下技能：

◆ 团队合作能力。
◆ 沟通交流能力。
◆ 动手制作能力。

三、项目任务清单

完成本项目需要经历六个环节。为了让大家更快了解项目全貌，有序推进项目工作，这里提供了"项目任务清单"。请大家在项目实施过程中有意识地利用好该清单，以便更好地完成所有项目任务。

项目任务清单

阶段名称	主要项目事项	计划完成时间	实际完成时间	参考文献及书籍
项目启动	团队组建及分工			
	了解项目流程，做好项目时间规划，填写项目任务清单			

（续表）

阶段名称	主要项目事项	计划完成时间	实际完成时间	参考文献及书籍
知识储备	学习书籍的相关知识			
	了解校园纪念册的制作要求			
	学习 Photoshop、PowerPoint 等电子软件的基本使用方法			
制作校园毕业纪念册	撰写大纲，绘制草图，收集相关素材			
	版面设计，图文排版			
校园毕业纪念册印刷与装订	生成校园毕业纪念册，并进行印刷与装订			
延伸与拓展	利用 InDesign 电子软件制作书籍			
项目反思与回顾	完成项目反思单			

为准确预估每个环节所需的时间，建议你先读完后面的项目内容、完成要求等，并配合阅读相应的参考书，这样可以帮助你更好地进行项目规划。

四、项目内容

（一）团队组建

本项目可以独立完成，也可组建团队共同完成。在进行校园毕业纪念册设计时，如果你们选择团队合作的形式，你们可以进一步分工。制作校园电子毕业纪念册涉及方案设计、拍摄及制作、印刷等多个环节，组建一个团队，能够使我们的校园毕业纪念册更加精彩。同学们可以根据下面的主要工作内容，结合你们的个人特点，进行合理分工。

◆ **创意策划**：主要包含方案策划和文案策划两个方面，方案策划主要负责整体方案的设计，确定主题和主要的思路。文案策划的主要任务是创作毕业纪念册每页的文案，用细腻的文字表达主题情感。在团队中，文字功底强的同学适合做文案策划。

◆ **监制**：监制人负责随时把握创作进度，协调其他工作人员，保证项目能够正常运转。

◆ **素材收集员**：素材收集员是操作摄像器材，为电子纪念册收集、拍摄图片的人。由团队中愿意使用电子设备的人担任。

◆ **编辑**：后期制作是把摄像师拍摄的图片、文字进行版式设计制作成为精美的纪念册。团队中，能熟练操作 Powerpoint 的同学适合承担后期制作的工作。

（二）知识储备

1. 学习书籍的相关知识

书籍是人类进步的阶梯，既然选择以书籍的形式记录校园生活，你可以通过阅读相关的书目，了解书籍的前世今生。如果你是小学生，你可以选择参考《书的故事》[1]这本书，可以很好地了解书籍和文字的演变历史。如果你是中学生，你可以参考《书籍的历史》[2]《大英图书馆书籍史话：超越文本的书》[3]两本书，可以带你深度理解印刷书籍的演变历史和纸质书籍的价值与未来。

2. 了解校园毕业纪念册的要求

校园毕业纪念册是毕业生用于回顾、记录自己美好校园生活的工具。在完成本阶段的学业之后，你们将离开熟悉的校园，离开朝夕相处的老师和同学，去开始另一段学习旅程。在离开之际你将会用毕业纪念册去记录你值得回忆的

---

[1]《书的故事》，[苏]伊林著，胡愈之译，长江文艺出版社，2018年。
[2]《书籍的历史》，[法]吕西安·费弗尔、[法]亨利-让·马丁著，和灿欣译，中国友谊出版公司，2019年。
[3]《大英图书馆书籍史话：超越文本的书》，[英]大卫·皮尔森著，恺蒂译，译林出版社，2019年。

生活。一份完整的毕业纪念册至少要包含以下几方面的内容：

（1）卷首语：学校、班级、制作小组等基本信息。

（2）学校简介及校园风貌：校园环境、班级环境介绍。

（3）毕业合影：老师和同学们的照片。

（4）流金岁月：学校、班级大事记。

（5）感恩师友：对老师、同学们的帮助。

（6）同学留言：同学之间相互留言，写下对对方的不舍之情。

（7）畅想未来：对未来的寄语。

除了要有丰富的内容之外，你的毕业纪念册如果能做到以下几点，会更加精彩：

（1）布局合理、简洁。

（2）栏目设置清晰直观。

（3）图文搭配，言简意赅。

（4）页面风格一致、编排和谐、样式精美。

3. 了解制作毕业纪念册的主要流程

制作一个毕业纪念册需要哪些基本步骤呢？一个好的毕业纪念册往往是需要设计者进行前期巧妙的构思，仔细地收集、整理素材，进行版面和文字的设计，经过多次修改而成。

怎么制作毕业纪念册呢？第一步，你可以先去网上查找、参考成熟的毕业纪念册样式和风格，明确本次要设计的毕业纪念册的风格，如伤感怀旧、积极明媚等风格。第二步，为你的毕业纪念册设计草稿，确定每一页的内容及排版样式，将它以你和你的同伴能看懂的形式画出来，并商定最终设计方案。第三步，梳理出哪些属于你们已有的素材，哪些是你需要采集、拍摄的素材，并制订搜集计划。第四步，用 Photoshop 进行图片美化（小学阶段的学生可以不操作），并用 PowerPoint 进行版面设计。

> 确定电子版本纪念册类型和主题

> 设计每页提纲，绘制草图，进行加工整理

> 根据提纲、草图收集素材、整编

> 完成图文版面设计，完成电子稿件

4. 学习 Photoshop、PowerPoint 等电子软件的基本使用方法

在了解了设计电子毕业纪念册的基本步骤之后，你们要尝试练习使用 Photoshop、PowerPoint 等软件，分别学习处理照片、版面设计的基本操作方法。

如果你不清楚该如何使用这些软件，不要着急，你可以参考《中文版 Photoshop 2021 入门教程》[①]《PowerPoint 2019 从入门到精通：移动学习版》[②]两本书。当然你们也可上"中国大学 MOOC""网易公开课""哔哩哔哩"等网站搜索关键词查找相关教学视频，这些视频可以帮助你学习这些软件的基本使用方法。你可以参考哔哩哔哩网站关于 Photoshop 的教学视频《也许你该试试这款 ps 教程！Photoshop 从入门到精通！》，关于 PowerPoint 的教学视频《PPT 高手之路》。

（三）制作校园毕业纪念册

1. 撰写大纲，收集素材

你需要先确定主题，如童年寄语、畅想未来、感恩母校，等等。然后根据你的需要确定纪念册的页数。

确定完主题和页数后，你需要考虑：如何能够让你的毕业纪念册看起来清

[①]《中文版 Photoshop 2021 入门教程》，委婉的鱼编著，人民邮电出版社，2021 年。
[②]《PowerPoint 2019 从入门到精通：移动学习版》，韩鸿雪编著，人民邮电出版社，2019 年。

晰而有逻辑。

（1）你可以尝试将你的纪念册的内容按照卷首页、一级页面、二级页面、三级页面进行分类。

（2）你可以将一些页面基本元素进行美化设计及固定位置，如班级标志、导航栏位置、标题、页脚信息等。

（3）你可以将背景图片色调调整成一个色系，看起来会更加和谐美观。

当你知道这些小技巧了之后，你就可以撰写每页的设计大纲，在设计大纲的同时绘制每页的设计草图，梳理清楚需要收集的素材。你的素材可以包括但不限于文字、图片、音乐、视频等。如果在设计过程中有困难，你还可以参考《编辑力：从创意、策划到人际关系》[1]一书，它可以帮助你寻找创意，做好策划，解决实施过程中存在的问题。

2.版面设计、图文排版

在收集完这些素材之后，你就可以在 Photoshop 中完成素材调整和修改，并进行版面设计。在这个环节，你需要做好每页的基本模版，并对用到的图片进行编辑美化。（小学阶段可以选做）

接下来，你就可以利用 PowerPoint 对毕业纪念册进行图文排版，在进行图文排版时，去添加、调整你想要设计的文字、图片的搭配形式，还可以插入音乐、视频。注意为了使你的幻灯片播放顺畅，你可以采取插入超链接的方式，完成各个画面的链接。

在排版过程中，你可以参考《书籍装帧创意与设计》[2]一书，相信可以给你带来启发。

（四）校园电子纪念册的发布

祝贺你，完成了校园毕业纪念册的制作。为了能让更多人看到你们的作品，

---

[1]《编辑力：从创意、策划到人际关系》（经典版），[日]鹫尾贤也著，陈宝莲译，北京联合出版公司，2017年。
[2]《书籍装帧创意与设计》，杨朝辉、周倩倩、刘露婷编著，化学工业出版社，2020年。

你们可以找到打印店，进行装订成册，并把它送给想要赠送的老师和同学！

五、延伸与拓展

校园毕业纪念册除了用 PowerPoint 进行排版之外，你们也可以尝试采用 InDesign 软件进行编辑。如果过程中有任何困难，可以参考《InDesign CC 设计与排版实用教程》[①]这本书。你们同样可以上"中国大学 MOOC""网易公开课""哔哩哔哩"等网站搜索关键词查找相关教学视频，以帮助你们学习使用这些软件的基本方法，如"哔哩哔哩"关于 InDesign 软件的教学视频《专业排版软件 InDesign 教程（完结）》。

六、项目反思与总结

项目已接近尾声，但别着急结束，好的反思与总结能够帮助我们发现问题、解决疑惑、获得成长。下面，就请你认真回顾自己参与整个项目的过程，并及时总结自己的感受、发现与收获吧！

参与《我的校园毕业纪念册》项目：
我最喜欢的环节是：＿＿＿＿＿＿＿＿＿＿＿＿＿＿＿＿＿＿＿＿
我最难忘的地方是：＿＿＿＿＿＿＿＿＿＿＿＿＿＿＿＿＿＿＿＿
我认为与电子书相比，纸质书的独特价值有：＿＿＿＿＿＿＿＿＿
＿＿＿＿＿＿＿＿＿＿＿＿＿＿＿＿＿＿＿＿＿＿＿＿＿＿＿＿＿
我认为电子书 会 / 不会 取代纸质书，因为：＿＿＿＿＿＿＿＿＿
＿＿＿＿＿＿＿＿＿＿＿＿＿＿＿＿＿＿＿＿＿＿＿＿＿＿＿＿＿
通过此项目，我对书有了以下新认识：＿＿＿＿＿＿＿＿＿＿＿＿
＿＿＿＿＿＿＿＿＿＿＿＿＿＿＿＿＿＿＿＿＿＿＿＿＿＿＿＿＿
我还想说：＿＿＿＿＿＿＿＿＿＿＿＿＿＿＿＿＿＿＿＿＿＿＿＿
＿＿＿＿＿＿＿＿＿＿＿＿＿＿＿＿＿＿＿＿＿＿＿＿＿＿＿＿＿

---

① 《InDesign CC 设计与排版实用教程》，韩绍强编著，电子工业出版社，2020年。

赢取手机使用执照

一、项目简介

说到手机，你一定不会感到陌生。即使你还没有自己的手机，但相信你对手机的各项功能早已耳熟能详。但要说手机与你及家人的关系，哈哈，是不是正像爸爸妈妈总抱怨你花在手机上的时间太多了一样，你也觉得爸爸妈妈以及身边的大人们实在是太"黏"自己的手机了。无论坐公交、地铁出行，还是参加家庭或朋友聚会，人们无时无刻不盯着自己手机的场景，是不是让你印象深刻。确实，手机现在已经成为我们生活的必需品，无论购物、娱乐、获取信息，还是沟通、交流都离不开它。在由符号、报纸、杂志、书籍、电视等媒介组成的媒介大家庭中，手机是诞生最晚，如今却最受人瞩目的。

第一款GSM手机正面、侧面示意图（1995年1月在我国上市）

手机这么重要，但是人人都能健康、正确使用的吗？这还真未必。因为手机的发展特别迅猛，由手机引发的许多问题，至今还远未解决。不信你问问爸爸妈妈，他们小时候，世界上还没有手机，因此，他们成长过程中并没有手机使用成瘾的困扰。事实上1995年我国出现的第一款GSM手机如上图所示。直到2007年以iPhone为代表的智能手机诞生之前，手机都还只能接打电话、收发短信，而不能像现在这样浏览网页、扫码付款、组队打游戏等。像今天这样无所不能的手机，出现在我们生活中的历史还只是短短一瞬。如果你对手机从出现到现在究竟经历了哪些发展演变感兴趣，可以找来《手机简史》[1]这本书读一读。

---

[1] 《手机简史》，党鹏、罗辑著，中国经济出版社，2020年。

正因为手机发展得太快，如何避免手机使用成瘾，如何保护个人隐私，如何防止视力、注意力受损等问题，都还没有成熟的解决方案。面对风险，很多学校只能选择禁止学生携带手机上课，很多父母也因担心手机的负面影响，在让不让孩子用手机这一问题上进退两难。面对这种情况，我们应该怎么办呢？

其实，只要回顾一下历史就会发现，每种新技术、新产品都只有有驾驭能力的人才能正确使用，享有其便利，而免遭不利影响。例如，汽车也是人类历史上伟大的发明，有了车我们的行动能力大大提升，可以很方便地走亲访友、游山玩水。但你注意到了吗？汽车可不是每个人天生就能开的，只有到了法定年龄，考取了驾驶执照，并且严格遵守行车礼仪、交通法规的人才能安全驾驶汽车，那些无证驾驶，或不能严格遵守法规的司机，不仅会损害自己的安全，也会成为其他人的威胁。为了帮助我们享有手机发展带来的便利，彻底免除父母、学校的担忧，我们是不是也应该和爸爸妈妈或老师同学一起好好讨论一下，如何才能赢取手机使用执照，做一个安全、专业的手机用户？如果你想赢得手机使用执照，那赶紧邀请爸爸妈妈或老师同学，一起来参加本项目吧！

二、学习建议

- ◆ **适用学段**：要理性理解手机的潜在风险及规则对自身、对他人的重要意义，需要学习者具备一定的思维能力、自律意识，因此，本项目适合小学高年级及以上的学生自主进行。小学中低年级及年龄更小的孩子，需要由父母或教师带领尝试此项目。
- ◆ **组织方式**：每个人都应努力赢取手机使用执照，做有资质的手机使用者，特别是克服手机成瘾问题。健康使用手机并不容易，如果家庭成员或班级成员能相互帮助，那这个过程将让每个人获益。因此，本项目适宜以家庭为单位或以班级为单位集体进行。
- ◆ **建议实施时长**：制定手机使用规则或许并不需要太长时间，但规则是否合理，以及参与者能否顺利遵守所有规则，需要较长的时间检验。因此，建议以3至4周为周期进行初期尝试，等规则经实践修改合理后，建议以3个月或半年为单位持续执行。

这个项目将帮助你收获以下知识和技能：

◆ 对手机对人及社会的深层影响有更多了解。

◆ 以手机为例对人与媒介技术的关系、对技术创新最终融入社会的过程有更多理解及思考。

◆ 成为理性、健康的手机使用者。

同时，你们还将锻炼并增强以下技能：

◆ 理性思考能力。

◆ 自律意识及能力。

◆ 换位思考能力。

◆ 团队协作、沟通交流能力。

◆ 行为矫正及习惯养成能力。

三、项目任务清单

完成本项目需要经历五个环节。为了让大家更快地了解项目全貌，有序推进项目工作，这里提供了"项目任务清单"。请大家在项目实施过程中有意识地利用好该清单，以便更好地完成所有项目任务。

项目任务清单

环节名称	主要事项	计划完成时间	实际完成时间	参考文献及书籍
重新认识手机	借助专业书籍及深入调研，了解手机对身体健康、注意力、人身安全、社会关系等方面的影响，明确使用手机时应注意防范的风险			

（续表）

环节名称	主要事项	计划完成时间	实际完成时间	参考文献及书籍
讨论制定赢取手机使用执照试行办法	通过讨论与项目伙伴一起制定赢取手机使用执照试行办法			
	细化试行办法试用周期、执行方式等			
验证试行办法及修改	通过试用，检验赢取手机使用执照试行办法的合理性			
	根据试用中的发现，对试行办法进行修改			
办法正式执行	正式实施赢取手机使用执照办法			
项目反思与回顾	完成项目反思单			

为准确预估每个环节所需的时间，建议你先读完后面的项目内容、完成要求等，并配合阅读相应的参考书，这样可以帮助你更好理解项目难点，从而更好地进行项目规划。

四、项目内容

（一）重新认识手机

手机不是人人都会用吗？为什么努力赢取手机使用执照十分必要，而且并不容易？为什么不提倡学生在校内使用手机？为什么爸爸妈妈自己用得不亦乐乎，但一看见我们摸手机就紧张得不得了？赶紧看看美国临床心理治疗师玛丽·K.斯温格尔（Mari K. Swingle）2018年就已出版的《劫持：手机、电脑、游戏和社交媒体如何改变我们的大脑、行为与进化》[1]一书吧。你会发现"手机成

---

[1] 《劫持：手机、电脑、游戏和社交媒体如何改变我们的大脑、行为与进化》，[美]玛丽·K.斯温格尔著，邓思渊译，中信出版社，2018年。

瘾"并非危言耸听,而且手机对我们的睡眠、情绪、人身安全,甚至交朋友的能力都有不小的负面影响。这些情况是发明手机的工程师们始料未及的。

那究竟有哪些风险或问题是我们使用手机时应当注意的呢?快与你的项目伙伴们一起好好讨论一下,也可以好好观察一下身边的亲友,把你们讨论的结果以及发现都记录在下面的清单上吧。

> **使用手机时应注意的问题**
>
> 1.<u>使用时长</u>,依据或来源:<u>根据我自己的观察及大家的反映,人们总是一拿起手机就放不下,一下过了好长的时间。</u>
>
> 2.<u>对情绪的负面影响</u>,依据或来源:<u>××向我反映自己的朋友圈收到同学不友善的留言,心里很难过。</u>
>
> 3.<u>安全问题</u>,依据或来源:<u>隔壁姐姐上周因为走路时看手机不小心掉进了路边刚挖的施工坑洞里,脚踝扭伤,不能去上学了。</u>
>
> 4._____,依据或来源:_____
>
> 5._____,依据或来源:_____
>
> 6._____,依据或来源:_____
>
> 7._____,依据或来源:_____
>
> 8._____,依据或来源:_____
>
> ……

(二)讨论制定赢取手机使用执照试行办法

1.讨论制定赢取手机使用执照试行办法

哇,真是不想不知道,经过专业学习、仔细观察,你是不是发现手机带来的挑战还真不少?面对这些问题,我们应该采取哪些措施,才能趋利避害呢?这个思考应对策略的过程与人们研制交通法规的过程相似——并不是为了限制、阻碍大家使用新技术,相反,规则是为了保护每个人的身心健康及使用权益。

如果你和爸爸、妈妈、项目伙伴在制定规则及要求时缺乏思路，别着急，《孩子与屏幕：教你引导孩子用好手机和电脑，和 iPad 时代的 Ta 一起健康成长》[①] 一书是法国多学科专家基于多年科学研究的成果，书中为不同年龄段的孩子，提供了具体详尽的指导，你们可以根据自己的需要，讨论选取你们觉得合适的内容。

经过深入学习、热烈讨论，请你们把大家一致同意的"家庭/班级赢取手机使用执照试行办法"誊写在醒目的纸张上，并张贴在家中或班级的醒目位置。下面是大家可参考的示例。

_____家庭/班级赢取手机使用执照试行办法

为确保_____家庭/班级每位成员科学、健康使用手机的权益，经大家深入学习相关知识，认真讨论所有问题及解决办法，现经大家一致同意，特制定此试行办法。办法分为总则及具体规则两部分，内容如下：

一、总则

1. 此办法旨在保护所有家庭/班级成员的身心健康，因此对全体成员适用。

2. 本办法经全体成员平等讨论产生，如需修订可由某成员提出修订请求并阐述理由，大家一致同意后，可组织研讨进行修订。

3. ……

二、具体规则

1. 在健康方面……

2. 在安全方面……

3. 在预防成瘾方面……

4. ……

5. ……

之所以要在办法前加上"试行"二字，是因为任何规则都很难一次制定准确，因此建议大家树立边实践边改进的意识，这样也有利于大家放松心情，大

---

① 《孩子与屏幕：教你引导孩子用好手机和电脑，和 iPad 时代的 Ta 一起健康成长》，[法] 让-费朗索瓦·巴赫等著，李智铃译，机械工业出版社，2017年。

胆尝试。

2.细化试行办法试用周期、执行方式等

在"试行办法"开始实施前，还建议大家对此办法的试用周期、实施方式、处罚措施等，进行详细讨论并形成大家一致同意的计划。所谓试用周期，即实施"试行办法"的起止时间。建议不要太短，如两三天；也不能太长，如三五个月。因为太短了，不利于大家发现问题，但太长的话，试用过程中发现的问题无法及时解决，会影响大家认真遵守办法的意愿。所谓实施方式，指试用过程中如何记录所有成员遵守或违反办法的情况，谁来记录，记录在哪里，如何确保记录的公平、公正、及时、准确等问题。所谓处罚措施，即在试用周期内，项目成员违反了相关要求应该如何处理？你可参照下面提示，与大家进行讨论。

_____家庭/班级赢取手机使用执照试行办法实施计划

1.实施试行办法的起止时间：___年___月___日—___年___月___日

2.试行办法实施方式：

（1）___年___月___日—___年___月___日，由_____记录。

　　　___年___月___日—___年___月___日，由_____记录。

（可由项目成员轮流记录）

（2）记录在_____，以_____方式记录。

3.违反规则的处罚措施：

（1）_____

（2）_____

（3）对记录出现争议时，_____解决。

4.对实施试行办法过程中发现的问题：

（1）大家分头记录各自发现的问题，在试行办法实施结束后集中研讨解决办法。

（2）_____

（3）_____

特别提示大家，如果大家对实施方式、处罚措施等无从下手，可以参考机动车驾驶证的管理规定，如根据违规情节轻重，对机动车驾驶员处以罚款或扣分，扣分多少与违规情节有关，扣分定期清零等。因为机动车驾驶证的管理规定经多年发展已经相对成熟，其中很多设计是经实践检验比较合理及科学的。但机动车与手机的应用场景有很大差异，所以更重要的是借鉴其原理而不宜照搬。

（三）验证试行办法并修改

一切准备就绪后，"试行办法"就可以开始实施了。在整个实施过程中，所有项目成员应努力遵守所有要求，当有人不小心违反规则时，大家应该从相互体谅、相互帮助的角度出发，按照提前制订好的计划冷静处理。切忌相互指责、冷嘲热讽。因为，看过专业书籍后你们一定知道手机对人的吸引力是非常强大的，无论大人还是孩子要严格遵守规范都相当不易。因此，大家一定要在了解手机对人深层影响的基础上，通过相互鼓励、彼此支持，让大家慢慢养成严格遵守手机使用规范的习惯。

此外，大家还应对"试行办法"的内容是不是合理、有没有地方需要改进等保持开放态度。如果有些条款总是被大家违反，那说明有可能是规则不符合实际，需要根据大家能做到的情况调整，慢慢增加难度。

在实施周期结束时，项目全体成员应及时举行"＿＿＿＿家庭/班级赢取手机使用执照试行办法修订会"。会上，大家应根据自己在试行过程中的体会及思考轮流发表意见，经大家集体讨论、一致通过，最终形成"＿＿＿＿家庭/班级赢取手机使用执照办法"。

（四）办法正式执行

经过试行及修订后的"＿＿＿＿家庭/班级赢取手机使用执照办法"，一定比较符合项目全体成员的需要及现有能力了。这时，大家可以再一次制订此"办法"的实施计划,并且信心十足地正式开始实施了。

　　需要提醒大家的是,由于手机应用不断推陈出新,技术发展也常常让我们的计划跟不上变化,因此"办法"的实施周期以三个月或半年为宜,在实施过程中也应预设好遇到突发情况或因环境改变而需及时调整的应变机制。

　　对每个执行周期内能模范遵守"办法"的成员应给予及时奖励,具体的奖励内容可由项目成员提议,大家集体讨论通过。

五、项目反思与总结

　　希望项目进行到此时,你和所有项目成员都已能成功获得手机使用执照,并能模范遵守所有规则了!但别着急结束,让我们一起认真回顾一下整个项目的过程,及时总结一下自己的发现和收获吧!

(一)对本项目进行反思与总结

参与《赢取手机使用执照》项目:

我的最大收获是:_____

_____

让我感到头疼和最有挑战的是:_____

_____

对于这些困难和挑战我想到的解决办法是:_____

_____

将来生活中如果出现其他新设备、新伙伴,并引发新问题,我会:_____

_____

我还想说:_____

_____

_____

（二）写在最后

再次祝贺你，顺利完成了本项目的所有内容，取得了使用手机的执照！其实，新技术、新伙伴会源源不断地出现在我们的生活中，它们在带来便利的同时，往往也会引发新的问题。面对这些问题，我们只有开动脑筋想出解决办法，并且不断提高自己的能力，才能享受技术进步的福祉。如果你想更深入地探寻人们不断征服技术的过程，可参考《习以为常：手机传播的社会嵌入》[①]一书，相信书中关于汽车以及钟表融入日常生活的故事，会给你启发。

---

① 《习以为常：手机传播的社会嵌入》，[美]理查德·塞勒·林著，刘君、郑奕译，复旦大学出版社，2020年。

为世界名著拍微电影

一、项目简介

哲学家笛卡尔说:"读一本好书,就是和许多高尚的人谈话。"在我们的文学史上,有很多经过历史积淀和考验的经典之作,是前人智慧的结晶。经典的世界名著蕴含着对人性的深刻解读,包含着有关人性的重要真理。畅游在世界名著中,可以增强我们深刻思考的能力,而更深刻的思考将带出更伟大的力量,这种伟大的力量可以滋养我们,让我们摆脱枷锁,获得心灵的自由,更好地享受生活的乐趣。然而,即便阅读文学名著能给我们很多营养,不少人却仍敬而远之。这是因为文学名著的出版时间大多久远,书中描述的场景与我们现在的生活相去甚远,特别对生活经历有限的青少年来说,不少名著显得抽象难懂。那有没有更好的办法让更多人能够汲取名著的营养呢?

生活在移动互联网时代的你一定感受过视频作品的魅力,与文字作品相比,视频作品更形象直观,具有更强的表现力、感染力。电影导演们常常从文学名著中取材,如《雾都孤儿》《乱世佳人》《西游记》等都被搬上过银幕,深受大家喜爱。可是,电影这种通常持续2—4小时的媒介形式,制作成本高、难度大,对制作团队的要求严格,不是普通人能够胜任的。感谢时代的发展,特别是微电影的出现和智能手机的普及,让视频制作不再是专业工作者的"特权"。

微电影即微型电影,是指通过新媒体平台传播,时长在几分钟至60分钟不等的,具有完整故事情节的电影。微电影可以单独成篇,也可以系列成剧。它制作周期短、制作成本低,对制作团队的专业性、拍摄和剪辑设备的要求都更低,特别适合非专业人士尝试。目前,抖音、哔哩哔哩、优酷等视频平台都有不少优质的微电影作品。

在本项目中,你将获得与小伙伴们一起将一本你们喜欢的文学名著改编为微电影的机会，让那些曾给你启发、带给你力量的故事、人物，以生动有趣的方式传递给更多人。

二、学习建议

◆ **适用学段**：由于创作、拍摄微电影具有一定的难度，因此本项目适合小学五年级以上的学生尝试。

◆ **组织方式**：由于电影创作需要编剧、导演、演员、摄像、服装、道具、剪辑、宣发等各种岗位的人员合作完成，因此本项目适合以小组合作学习的方式进行，核心组员5—6人为宜。如果因剧情需要，可以在表演拍摄阶段邀请更多的人员，如老师、家长、同学、朋友等。

◆ **建议实施时长**：由于本项目包括名著阅读、剧本创作、表演拍摄、后期剪辑、放映展示等多个环节，每个环节所需时间较多，建议主要利用学生课余时间进行，时长以一学期或一学年为宜。

这个项目将帮助你收获以下知识和技能：

◆ 增强文本阅读能力，深刻理解一本世界名著。
◆ 掌握剧本创作、表演、视频拍摄、剪辑、展映等技能。
◆ 提高用不同媒介工具进行表达的能力和传播学素养。

同时，你们还将锻炼并增强以下技能：

◆ 沟通交流能力。
◆ 问题解决能力。
◆ 团队合作能力。

三、项目任务清单

拍摄一部微电影需要完成许多工作，为了让你更快了解项目的全貌，有序推进项目工作,这里给你提供了"项目任务清单",请你在项目实施过程中有意识地利用好该清单,帮助你更好地完成所有项目任务。

项目任务清单

阶段名称	主要项目事项	计划完成时间	实际完成时间	参考文献及书籍
项目启动	团队组建及分工			
	了解项目流程,做好项目时间规划,填写项目任务清单			
名著阅读及剧本创作	选定要拍摄的名著,认真阅读并梳理情节及人物形象			
	撰写微电影剧本			
微电影拍摄及制作	微电影拍摄			
	微电影制作			
微电影宣发	将作品发布至某一视频平台			
	为作品推广、宣传			
项目反思与回顾	完成项目反思单			

为准确预估每个环节所需的时间,建议你先读完后面的项目内容、完成要求等,并配合阅读相应的参考书,这样可以帮助你更好地进行项目规划。

四、项目内容

(一)团队组建及分工

拍摄微电影是项系统工程,涉及剧本创作、演员招募、服装道具准备、现场拍摄、后期剪辑、作品宣发等多个环节，一个人很难完成。为此，组建一个团队（摄制组），并给团队中的成员明确分工，是成功拍摄微电影的前提和重要保障。通常来讲，一个微电影的摄制组主要包括导演、编剧、演员等7种角色，这些角色的具体工作和需要的人的特质如下：

◆ **导演**：导演是创作微电影作品的组织者和领导者，他的主要工作是组织和团结摄制组内的其他人员，使他们能充分发挥才能，完成微电影的制作。在团队中，做事认真负责、有领导力且善于沟通、善于合作的人最适合做导演。

◆ **编剧**：编剧的主要任务是创作剧本，用文字的形式表述微电影的主要内容。在团队中，文字功底强、擅长讲故事的人适合做编剧。

◆ **演员**：演员是扮演某个角色的表演者。在团队中，有表现欲、角色可塑性强，有一定音乐、舞蹈等才艺的人最适合做演员。

◆ **服（装）化（妆）道（具）**：服化道是为微电影准备服装、道具，并负责给演员化妆的人。团队中动手能力强、审美能力强的人适合承担服化道一职。

◆ **摄像师**：摄像师是操作摄像器材，为微电影拍摄视频的人。团队中愿意操作电子设备，有一定摄影摄像基础的人适合做摄像。

◆ **后期制作**：后期制作是把摄像师拍摄的画面剪辑到一起，形成完整的影片，并且为影片制作声音的人。团队中，能熟练操作各种剪辑软件，经常看电影、听音乐的人适合承担后期制作的工作。

◆ **宣发**：宣发是负责微电影宣传、发行的人。团队中交友广阔，熟悉哔哩哔哩、抖音、快手等短视频软件的人适合做宣发。

了解了摄制组的主要角色和工作后，请你邀请多位志同道合的小伙伴，组建自己的微电影团队吧！请完整填写下表，以确保每位小伙伴都清楚摄制组名称、自己在摄制组中的角色和主要负责的工作。

_____摄制组

序号	角色	数量	姓名	主要工作
1	导演			
2	编剧			
3	演员			
4	服化道			
5	摄像师			
6	后期制作			
7	宣发			
8	其他			

（二）选定名著，梳理人物和情节

完成组建团队的任务后，我们就进入选名著，梳理人物、情节的阶段啦！一部微电影的时长通常为5—10分钟，所以选定一本名著的一个或几个重要情节进行拍摄比较合适。另外，如果你们是第一次改编、拍摄名著，经验尚浅，那么选择故事情节性强、人物心理活动较少的名著更容易成功。

快和你的小伙伴们商讨一下，看看你们选择哪部作品合适吧！如果你们实在不知道如何着手，那也可以参考《中国人阅读书目》[①]，这套书介绍了适合幼儿、小学生、初中生、高中生阅读的很多优秀图书，相信一定能给你们不少启发。在选定名著的过程中注意一下该作品是否还在版权保护期，如果还在，则需要向版权所有者取得授权哦。

[①] 《中国人阅读书目》（1—4册），朱永新等主编，中国人民大学出版社，2014年。

在选定名著和希望拍摄的具体章节之后,大家就要仔细阅读名著,梳理其中的主要人物和故事情节了。对人物性格理解得越透彻,越有助于编剧撰写剧本和导演安排演员,所以大家一定要重视阅读文本的这个环节。下方的记录单将帮助你们落实梳理文本的工作,请认真填写吧!

名著阅读记录单

- 我们选定的名著是_____,希望重点拍摄的章节为_____
- 所选名著(章节)共包括____位人物,其中:

  人物A:_____,性别:____,性格:_____

  人物B:_____,性别:____,性格:_____

  人物C:_____,性别:____,性格:_____

  人物D:_____,性别:____,性格:_____

- 所选名著(章节)的主要故事情节是_____
  _____
  _____

(三)撰写微电影剧本

微电影剧本用文字描述整部影片的人物和动作,它包括四个基本构成要素:场景、人物、对白和动作。剧本是否优秀,直接决定着拍摄出来的微电影是否精彩,是否吸引人观看。主题鲜明、剧情感人、情节紧凑等,都是衡量优秀剧本的常见指标。

这一环节,需要摄制组中的编剧,将选定的名著(章节)内容改编为适合拍摄的微电影剧本。具体要求是:

(1)剧本应当有较为完整的起因、经过和结果,在书中原文的基础上进行合理化改编,拓展书中的情节,使之自成一体。

(2)改编时请注意改编幅度,做到尊重原著及其历史背景。

（3）剧本命名为_____剧本，并以电子文档（如 doc 文件）的形式呈现。

如果你们在撰写剧本的时候没有思路或遇到困难，可以看看《改编的艺术：从文学到电影》[①]这本书的第五、六章，尤其注意《小说改编的一些基本原理》《将短篇小说改编成电影的三大策略》这些内容，会给你带来一定的启发。

（四）拍摄、制作微电影前的准备

开始拍摄、剪辑微电影之前，你们摄制组需要进行如下准备：

◆ **分镜头脚本**：剧本是文字形式呈现的，微电影是视听形式呈现的，它们之间需要一个转换用的中介物，这就是分镜头脚本。分镜头脚本的主要作用是根据剧本设计相应的画面、配置音乐音响，把握片子的节奏和风格。常见的分镜头脚本是以表格形式存在的，表头包括镜头时间、拍摄序号、镜头运用（推、拉、摇、移、跟）、景别（特、近、中、远、全）、拍摄画面（内容概括）、拍摄地点、声音（旁白、对白、音乐、音响）等内容。

常见的分镜头脚本表头：

镜头时间	拍摄序号	镜头运用	景别	拍摄画面	拍摄地点	声音

请导演将编剧写好的剧本，参考上表的表头样式，转化为分镜头脚本，并以电子文档（如 doc 文件）的形式呈现。注意，整个脚本的时长（即镜头时间的累加）应控制在5—10分钟。

◆ **演员**：请导演根据剧本的需要，为摄制组内的演员安排合适的角色。若摄制组内的演员数量不够，可以寻求家人、朋友的帮助，或考虑一人分

[①]《改编的艺术：从文学到电影》,[美]约翰·M.德斯蒙德、[美]彼得·霍克斯著,李升升译,世界图书出版公司,2016年。

饰多个角色。演员确定后，请所有演员提前熟悉剧本、揣摩角色形象，背诵自己所负责部分的台词。俄罗斯著名演员斯坦尼斯拉夫斯基的《演员自我修养》[1]是业内公认的演员表演入门"圣经"，如果你感兴趣，可以找来读读。

◆ **服装、道具**：请服化道根据剧本的需要，准备合适的服装、道具。在经费有限的情况下，购买可能不是个好方法。你们可以试试租赁或者旧物改造，不仅可以节省成本，或许还能带来意想不到的效果。

◆ **硬件设备和软件**：摄制组至少准备1台手机或平板电脑或摄像机作为视频拍摄设备。如果有2台及以上设备，能够实现"双机位"或"多机位"拍摄，将更能提高画面景别、内容的丰富性，给后期剪辑人员提供更多的选择。但是要注意，设备的画幅、画质一定要设定统一（比如全部都采用16∶9或者4∶3的比例），否则后期制作时，画面会出现跳跃感，影响观众的观看。除此之外，摄制组还要准备用于视频剪辑的设备，手机上有很多应用程序，如"剪映"等都可以实现视频剪辑。电脑上的剪辑软件更多，Adobe Premiere 和 Final Cut Pro 的更多。

◆ **专业技能**：除了准备好硬件和软件之外，摄像师、后期制作还要能够熟练使用这些设备和软件。比如，摄像师要了解常用的景别——特写、近景、中景、全景、远景和运镜方法——推、拉、摇、移、跟都是什么意思，如何实现。后期制作需要了解常见的转场、特效、字幕、配音的方法。教授这类专业知识和技能的书籍、网络课程很多，以"手机摄影""视频剪辑"等为关键词在各大购书平台搜索就会出现相关图书。其中，《镜头的语法》[2]《剪映视频剪辑从小白到大师：电脑版》[3]等都是不错的选择。

---

[1] 《演员自我修养》，[俄]斯坦尼斯拉夫斯基著，刘杰译，华中科技大学出版社，2015年。

[2] 《镜头的语法》（插图修订第2版），[英]罗伊·汤普森、[美]克里斯托弗·J.鲍恩著，李蕊译，北京联合出版公司，2017年。

[3] 《剪映视频剪辑从小白到大师：电脑版》，龙飞编著，化学工业出版社，2021年。

（五）拍摄、制作微电影

一切准备就绪，你们就可以大展身手，将选定的名著片段拍摄为微电影啦！请制作一段时长为5—10分钟，有完整故事情节的微电影，具体要求包括：

拍摄方面：

景别丰富，运镜合理，影片有一定的观赏性。

剪辑方面：

（1）影片有片名、片头和片尾，片尾包含制作团队的基本信息。

（2）镜头要连贯，体现故事的逻辑性。

（3）要有合适的字幕。

（4）配音要求发音标准、吐字清晰；配乐要合理，与画面内容完美对应。

（5）生成一份mp4格式的文件，文件大小控制在1GB以内，方便未来上传至各大视频平台展映。

（六）微电影展映和宣传

祝贺你们，完成了自己的名著微电影作品！为了能让更多人看到你们的作品，宣传和展映是不可缺少的环节。一部电影，宣发如果得当——比如选择了合适的平台，有既能讲清剧情概要又引人入胜的宣传文案等——这部电影作品就会被更多的观众注意到。所以，请团队中负责宣发的同学，为微电影制作合适的海报、文案，并挑选一个适合的短视频平台（如抖音、快手、哔哩哔哩等），将微电影发布并分享出去吧！

微电影展映策划案

我们选择展映微电影的视频平台为：＿＿＿＿＿＿＿＿＿＿＿＿＿＿＿＿

我们为微电影撰写的宣传文案是：＿＿＿＿＿＿＿＿＿＿＿＿＿＿＿
＿＿＿＿＿＿＿＿＿＿＿＿＿＿＿＿＿＿＿＿＿＿＿＿＿＿＿＿＿＿
＿＿＿＿＿＿＿＿＿＿＿＿＿＿＿＿＿＿＿＿＿＿＿＿＿＿＿＿＿。

微电影上映5天后，我们获得的观看数量为＿＿＿＿＿，点赞数量为＿＿＿＿＿，评论数量为＿＿＿＿＿。为了让更多的人看到我们的微电影，我们将宣传文案修改为＿＿＿＿＿＿＿＿＿＿＿＿＿＿＿＿＿＿＿＿＿＿＿＿＿＿＿＿＿
＿＿＿＿＿＿＿＿＿＿＿＿＿＿＿＿＿＿＿＿＿＿＿＿＿＿＿＿＿。

如果你想了解更多关于短视频宣发、运营的专业知识，可以看看《短视频：策划、制作与运营》[①]这本书，也许会有不小的收获。

五、项目反思与总结

恭喜大家，时光飞逝，在大家的团结合作、不懈努力下，项目已接近尾声。通过拍微电影这种现代又时髦的方式来读名著，是不是让你有很多不一样的体会和收获呀？下面，就请你和你的组员们一起对自己的作品进行评价，并认真回顾一下整个项目过程中的感受、发现及收获吧！

（一）对微电影作品进行评价

请大家根据"微电影作品评分依据"，对自己团队创作的微电影进行打分。我们最终获得的分数为：＿＿＿＿＿，我们认为，自己在＿＿＿＿＿方面还可以做得更好。

---

① 《短视频：策划、制作与运营》，郑昊、米鹿编著，人民邮电出版社，2019年。

微电影作品评分依据

序号	评选指标	分值	评选要素	我们组的得分
1	内容主题	35分	1. 微电影主题突出，符合原著。 2. 内容精简不冗长，结构合理，无拖沓、缺失现象。	
2	拍摄表演	25分	1. 演员表演符合剧情要求。 2. 画面流畅，场景镜头衔接顺畅，布局精心合理。	
3	后期制作	25分	1. 无声音嘈杂混乱、音量忽高忽低现象；字幕清晰，与声音搭配得当。 2. 配乐合理，能够渲染微电影主题。 3. 影片有片头、片尾包装，包括字幕、主创人员等名单。	
4	创意性	10分	在原著基础上进行创意改编，既符合原著，又具有独创性，给人耳目一新的感觉。	
5	时长	5分	影片长度合适，5分钟以上，10分钟以下。	

（二）对本项目进行反思与总结

通过《为世界名著拍微电影》项目：

我发现用拍微电影的方式读名著和以前只是单纯阅读相比：_____

_____

由此我想到：_____

_____

我觉得拍微电影还能用于：_____

_____

拍微电影最不容易的地方是：_____

_____

如果有机会再拍一部微电影，我希望：_____

_____

我还想说：_____

_____

最美××公益广告展

一、项目简介

说起广告你一定不陌生,从小到大我们见过的广告可谓不计其数。但你发现了吗? 在数量众多、努力售卖商品或服务的"商业广告"中,有一股涓涓清流,这类广告不以销售为目的,而旨在引导人们关注某一社会问题,帮助人们树立有利于自身及社会长期健康发展的新理念、新意识,通过提供范例规范人们的言行,努力提升社会精神文明水平。这些广告中既有呼吁大家珍惜劳动、节约粮食的;也有提醒人们遵守交通法规,保护人身安全的;还有推广新礼仪、树立新风尚的;当社会出现危机、面对挑战时,也会有呼吁大家积极行动,促进问题解决的……尽管内容五花八门、主题不一而足,但这些广告都不是为了某个厂商的私利服务,而是为了维护整个社会及全体公众的利益。正因这种强烈的公益属性,这类广告被称为"公益广告"。

关于公益广告的更多专业知识,如公益广告的准确定义、分类,公益广告在我国以及世界其他地方的发展历史等,你可以详阅《公益广告概论》[①]一书。即便不进行专业学习,相信你也能认识到公益广告对改善社会风气、提升人们的生活质量有重要作用。它们不能带来商业回报,因此商业企业往往缺乏参与公益广告制作及传播的意愿,只能靠政府部门或公益组织来做,这使得公益广告在人们生活中出现的数量、密度、频率都远远不及商业广告。同学们如果能加入公益广告的制作、传播队伍,能壮大公益广告的宣传力量,也能发挥同学们的聪明才智,为学校和社区贡献力量。如果你觉得这很值得追求,那欢迎你和志同道合的小伙伴们一起来参加本项目吧!

---

① 《公益广告概论》,杨琳、李亦宁主编,西安交通大学出版社,2019年。

二、学习建议

◆ **适用学段**：任何人都可以发挥创意，通过设计、制作公益广告为学校、社区发展做贡献，因此，公益广告的设计、制作适合小、初、高各学段学生参加，但策划、组织展览的难度较大，初高中学生可尝试独立进行，小学生则需要老师或家长协助开展。

◆ **组织方式**：由于单独或少量的公益广告不易引起大家的注意，从而使其宣传效果受限，因此，本项目适合多人合作，以举办公益广告展的方式进行，一次性推出数量较多的公益广告作品（如20—30件）。为此，建议成立策展小组，整体组织、策划展览活动，该小组以5—6人为宜。但在公益广告设计、制作环节，大家既可以独立完成，也可以小组合作完成，此时的创作小组以2—3人为宜。

◆ **建议实施时长**：本项目主要利用课余时间完成，建议设计、制作周期为2—3周，展览时间则根据场地条件，由策展小组自行决定。

这个项目将帮助你收获以下知识和技能：

◆ 广告设计、制作相关知识。
◆ 公益广告的专业知识。
◆ 策划、组织展览的相关知识。

同时，你们还将锻炼并增强以下技能：

◆ 组织、策划能力。
◆ 思维创意与创新能力。
◆ 公益精神及服务意识。
◆ 沟通、协作能力。
◆ 问题意识与解决能力。

三、项目任务清单

本项目涉及展览的整体策划、展品征集、展品制作、展览实施等多个环节，为了让大家快速了解项目全貌，有序推进项目工作，特为大家提供了"项目任务清单"。大家在项目实施过程中，可根据需要灵活修改清单，以便更好地完成所有项目任务。

项目任务清单

环节名称	主要事项	计划完成时间	实际完成时间	参考文献及书籍
项目启动	了解项目流程，做好项目时间规划，填写项目任务清单			
	组建团队，策划展览，发布展品征集指南			
公益广告展品制作环节	创作者/团队确定公益广告主题			
	文案写作			
	艺术设计			
举办公益广告展	展览实施			
	效果调研			
项目反思与回顾	完成项目反思单			

为了准确预估参与项目所需的时间，建议你先读完后面的项目内容、完成要求等，并配合阅读相应的参考书，这样可以帮助你更好地进行项目规划。

四、项目内容

（一）组建团队，策划展览，发布展品征集指南

1.组建团队

如前所述，为了实现规模效应，使大家的公益广告作品顺利引发人们的关

注、确实起到预期宣传作用，本项目最好以举办"公益广告展"的方式进行。要做一个展览，既需要有对展览进行整体策划、组织、实施的策展人员，也需要擅长展品创意、设计、制作的创作人员。下面分别介绍策展人员及创作人员的主要职责，方便大家根据自己的专长、时间、精力等选择适合的岗位。

◆ **策展组组长**：是整个项目的总负责人，在展览开始前，要带领策展组组员通过调研确定展览主题、展览场地、展示方式等，并根据展览需要及时制定、发布展品征集指南，积极组织、筹集展品，此外，还要及时布置展览，做好宣传推广，让尽可能多的观众参观展览；展览中，要组织、安排好展览工作人员，做好观众的引导、讲解、服务工作；展览完成后，要及时带领组员总结得失，为以后更好地策划、实施展览积累经验。

◆ **策展组组员**：在策展组组长的领导下开展工作，积极参与展览前、展览中、展览后的所有环节。根据分工，按时、高质完成自己的任务，并在工作中及时与组长和其他组员保持沟通，确保展览各环节顺利实施。

◆ **创作人员**：主要负责按照展品要求，及时创作完成参展作品，协助布置展览，在创作过程中，既可以独立完成，也可以组队完成。

了解完不同岗位的职责，大家会发现，本项目需要策展组组长、组员全程参与，投入时间、精力较多。创作人员则可集中参与公益广告创意、制作环节，在有余力的情况下，也可积极参与展览布置以及展览服务等工作，因此投入的时间、精力相对较少。下面请你与愿意共同参与本项目的小伙伴一起填写"团队信息及成员分工表"，帮助每个人明确各自的岗位及职责。

团队信息及成员分工表

序号	岗位	人数	姓名	主要职责
1	策展组组长	1		项目总负责人
2	策展组组员	4—5		

（续表）

序号	岗位	人数	姓名	主要职责
3	创作人/团队			
4	创作人/团队			
5	创作人/团队			
6	创作人/团队			

2. 策划展览、发布展品征集指南

对策展小组来说，需要尽快确定展览主题、展示场地、展示方式等，才能根据场地条件、展览目标制订作品征集方案。而在确定展览主题、展示场地、展示方式等问题时，可根据下面提示，通过小组讨论逐步确定。

◆ **展览主题**：由于不同人群关注的议题不同，可先确定展览的目标对象。如以全校同学为对象，节约粮食、节约用水、爱护视力、劳逸结合、团结友爱、制止霸凌等主题就很合适；如以你所在小区的全体居民为对象，那节约粮食、节约用水同样适用，其余主题换成注意垃圾分类、不要噪声扰民、文明养猫养狗、关爱老人及残障人士等就更适用。策展小组可从确定对象入手，选择对目标对象最有价值的内容确定展览主题。

◆ **展示场地**：展览在何处举办会直接影响所需作品的大小、形式、材质等。策展小组应根据展览对象，选择适合且可行的场地。如针对学校同学，就应在校内举行；如果针对社区居民则应在小区内，选择人流最密集的地方最好。然而无论是学校还是小区，场地类型仍然很多，室内或室外场地也各有利弊。如要在小区进行展览的话，那室外场地更容易被居民看到，居民参观也非常方便，但室外展览受天气影响很大，如果刮风、下雨或晚上没有灯光照明，都会导致展览无法进行。此外，无论在学校还是在小区进行展览，都需要得到学校领导或小区物业的同意，策展小组要先形成自己的设想，然后由策展小组组长去找校长或小区物业经理协商，获得许可，展览才能进行。

◆ **展示方式：** 不同类型的展品需要的展示设施、场地条件不同。海报招贴式作品只要有画架、展板或宣传栏即可，但音视频作品需要电子大屏、显示器等设备。此外，策展小组还需要对所需作品的数量、尺寸、材质、文件格式等进行具体、明确的规定，否则极有可能出现创作好的作品没有地方摆放或无法播放等问题。

发现了吧，组织、策划一场展览，有很多的问题需要考虑，别着急，策展小组可以根据下面的展览策划表不断细化、完善你们的想法。

公益广告展览策划表

1. 我们选定的展览对象是：_____ 因为：_____
   _____

2. 根据对象的需求，我们确定的展览主题是：_____
   我们希望实现的展览目标是：_____

3. 为实现展览目标，我们选定的展览场地是：_____

4. 根据场地大小、设备、设施等情况，我们确定的展示方式是：
   _____

5. 根据展览目标、展示方式等，我们所需的作品数量及规格是：
   （1）_____形式，需要_____件，
   此类作品的大小应为：长_____cm，宽_____cm。
   （2）_____形式，需要_____件，
   此类作品规格为：时长为_____秒至_____秒，文件为_____格式。
   （3）_____形式，需要_____件，
   此类作品的要求是：_____。

6. 展览时间为：___年___月___日 — ___年___月___日

7. 为了有充分的时间布展，确保展览如期开始，展品征集时间为：
   ___年___月___日 — ___年___月___日

当策展小组做好自己的工作计划后，就可以尽快向展品创作者发布《_____公益广告展作品征集指南》了。这时策展小组可参考正式的公益广告大赛"参赛指南"或"征集办法"，让自己撰写的《指南》内容更全面、格式更规范。大家可参考《2021年第三届北京国际公益广告大会创意征集大赛参赛指南》或《2022全国公益广告大赛征集公告》，其中请大家特别注意借鉴相关作品要求的写法，这能帮助你们把展品样式与规格介绍得更具体、明确，从而方便创作者按展览所需的方式创作作品。

（二）设计、制作公益广告

1. 确定主题

终于进入到公益广告的设计、制作环节，如果你只对这部分内容感兴趣，那你可以选择"创作人"的角色，以个人或团队的方式进行公益广告创作，而把策划、组织展览的工作留给其他感兴趣的小伙伴。

设计、制作公益广告最重要的是先确定主题，因为后面的设计、制作环节都是为实现主题服务的，可以说主题是公益广告的灵魂。但主题应该如何确定呢？作为要参加特定展览的创作者，首先，你要认真阅读《_____公益广告展作品征集指南》，准确了解展览的目标观众、展览目的、展品的创作要求等，从目标观众的需求出发，并且使自己的作品严格符合作品要求，不然，你的作品很有可能因为跑题或不符合要求而落选。

其次，你可以详阅《广告：创意与文案》[①]一书，了解具体的确定主题的办法及步骤，特别是重点阅读第一章《创意战略与创意过程》中的《什么造就了杰出的广告》《艺术家的作用：构思并完成大创意》等。如果你觉得这本书太抽象难懂，或者即使书中介绍的原理、方法都很不错，但你依然缺乏灵感，那你也

[①]《广告：创意与文案》（第11版），[美] 威廉·阿伦斯、[美] 迈克尔·维戈尔德、[美] 克里斯蒂安·阿伦斯著，丁俊杰、程坪、陈志娟译，人民邮电出版社，2012年。

可以从《世界广告经典案例——经典广告作品评析》[①]一书入手。这本书的第十二章集中介绍了很多获奖公益广告作品，每个作品都配有详细深入的评析。此外，前面已经推荐过的《公益广告概论》一书，最后一章也是《经典公益广告案例解析》，相信这些优秀作品能给你最直接的启发。

2. 文案写作

在确定广告主题后，就要进入到广告的创意实施环节了，这个环节分为"文案写作"与"艺术设计"两部分。其中，"文案写作"被誉为广告创作的基石，广告界的专家常说失败的广告往往是因为不能找到精准的语言来表达广告的主题导致的，可见撰写好广告文案的重要性。比如"小餐桌，大文明""讲文明树新风""行路守法法有情，平安回家家温馨"这些广告语简洁、明确、讲究对仗。那如何能写出精准的广告语，让抽象的广告主题得到准确充分的体现呢？

曾两度被《广告周刊》(Adweek)提名为全美杰出广告文案作者，获得过20次有广告界奥斯卡之称的"One Show奖"的著名广告文案作者路克·苏立文将自己的全部心得都写在《文案发烧》[②]一书中。你可以通过苏立文风趣幽默的讲述，学习他的经验，享受广告文案创作的乐趣。

3. 艺术设计

艺术设计环节，你可以参考《广告设计：从入门到精通》[③]一书，特别是重点学习第四章《广告设计创意手法》、第五章《广告设计构成元素》以及第六章《广告设计版面编排》。

如果你想创作音视频或新媒体类型的广告，那也可以参考《广告：创意与文案》一书中"广播广告的制作过程""电视广告的制作过程"以及"数字媒介的广告制作"等内容。

---

① 《世界广告经典案例——经典广告作品评析》(第2版)，胡晓云主编，高等教育出版社，2012年。
② 《文案发烧》，[美]路克·苏立文著，赵萌萌译，中国人民大学出版社，2010年。
③ 《广告设计：从入门到精通》，陈根编著，化学工业出版社，2018年。

（三）举办公益广告展

1. 展览实施

祝贺大家经过精心准备，努力创作，终于如期完成了所有作品，进入展览实施阶段了。这个阶段又轮到策展小组的小伙伴们忙碌了，需要完成的主要工作包括：展览前，围绕展览主题，布置展览，做好展前宣传；展览中，工作人员做好现场的组织、引导、讲解等工作。如果大家缺乏思路，策展小组组长可带领全体组员先去附近的博物馆、展览馆，以观众的身份体验一下，在体验过程中做好观察、记录，相信会对展览准备和实操工作提供很多启发和帮助。

2. 效果调研

特别需要提醒大家的是，费这么大力举办展览，大家一定很好奇，展览的预期目标达成了吗？观众喜欢我们的作品吗？观众接收到我们想要传达给他们的信息了吗？如何回答这些问题呢？最好的办法是在展览中及时、巧妙地开展观众调查，通过观众的真实反馈帮助我们了解此次展览的目标达成情况，也为后续改进工作积累经验。

那该如何开展观众调查呢？策展小组的同学可以在下面"_____公益广告展观众反馈记录表"的基础上，按照你们的需要设计问题，并安排工作人员，在合适的时机对观众进行调查。

_____公益广告展观众反馈记录表

1. 您了解本次展览的主题吗？
   A. 了解（选此项的观众请跳答第3题）　　B. 不了解
2. 如果您还不了解本次展览的主题，那为您介绍一下。（由策展小组同学填写）
   本次展览的主题是：_____

---

3. 您觉得本次展览的作品与展览主题的关系：

　　A. 充分体现了展览主题　　　　　B. 部分体现了展览主题

　　C. 对展览主题有少量体现　　　　D. 与展览主题完全无关

4. 您最喜欢的作品包括：_____

　　您喜欢它们的原因是：_____

5. 您觉得不够理想的作品包括：_____

　　您对它们的改进建议是：_____

6. 您觉得本次展览的优点与不足分别是：

　　优点：_____

　　不足：_____

7. 我们未来如果继续举办公益广告展，您对我们的建议包括：

　　_____

　　_____

在调查方式上，策展小组同学可考虑由观众用手机扫码填写电子问卷的方式进行，这不仅方便观众填写，也便于调查后的数据统计及分析。

对于调查结果，策展小组组长应及时进行统计、分析，形成报告，并召集策展小组全体成员对报告内容进行研讨。不论结果是否理想，大家都应积极面对。因为与结果相比，努力完成项目的过程让大家收获更多。

五、项目反思与总结

历经千辛万苦，本项目终于要胜利完成了。回顾整个历程，你是不是既有开心、感动的时刻，也有发愁、犯难的瞬间。让我们在项目正式结束前，对项目中的收获及启示进行深入梳理，为我们以后把公益广告及展览做得更好积蓄智慧吧！

（一）对本项目进行反思与总结

参与《最美××公益广告展》项目：

我选择的岗位是：_____

我完成的主要工作包括：_____

通过这些工作，我最大的收获是：_____
_____

我希望有机会改进的是：_____
_____

我对广告的新认识包括：_____
_____

我对展览的新认识包括：_____
_____

我对自己的新认识是：_____
_____

我还想说：_____

（二）写在最后

  再次祝贺你，顺利完成了本项目的所有内容。随着媒介技术的发展，我们不仅能看别人制作发布的各种广告，也能创作、展示我们觉得有益的广告。而且不仅在广告领域，报纸、书籍、动画、影视……我们也可以尝试创作及传播。期待同学们积极学习传播学知识，成为有思想、有创意的媒介内容生产者，为丰富、改善我们的生活世界贡献力量。

巧用定格动画讲科普

一、项目简介

科学知识是人类智慧的结晶，一个人掌握的科学知识越多，拥有的优势就越多，就能更好地在飞速发展的现代社会里生活。但是，很多科学知识抽象晦涩、难以理解，学习起来也非常困难，人们不容易理解，更谈不上记忆和应用。怎么才能扭转这一局面，让大家都能轻松领会、巧用科学知识呢？别着急，定格动画也许能帮得上忙。

看到这里，你可能会说："等等！定格动画是什么？它和动画有什么关系？动画我经常看呀，它不是用来娱乐的吗，怎么还能用来讲科学知识呢？"

其实呀，"定格动画"是动画大家庭中的一员。它是一种简易的动画表现技法，以视觉暂留为基本原理，采用逐格摆拍对象的方式采集动作，再通过软件连续放映产生动态效果，从而展现想表达的内容。定格动画和文字、图片、视频一样，是一种媒介（传播载体），可以传播任何内容。它既可以讲虚构的故事，也可以讲真实的事件、原理。而且，因为定格动画具有逐格拍摄的特点，它能形象直观、生动有趣地表达抽象的内容和过程，所以特别适合用来讲深奥的科学知识。不信你在哔哩哔哩网站上搜索点击《垃圾请就位》这个定格动画瞧瞧。《垃圾请就位》是一部关于垃圾分类的公益创意短片，该片时长1分42秒，作者用手绘、剪纸的方法制作道具，拍摄定格动画，以达到传播垃圾分类知识的目标。悄悄告诉你，像《垃圾请就位》这种利用各种传媒，以浅显易懂、通俗幽默的方式，让人们接受自然科学和社会科学知识的活动，有个很专业的名字，叫做科普。听起来是不是很有意思呀？那么，快来加入《巧用定格动画讲科普》项目吧！在这个项目中，你可以和小伙伴们一起合作完成一个定格动画，并用这种崭新的方法介绍一个你们感兴趣的科学知识。不仅让你自己对这个科学知识有更深刻的理解，同时也能让别人通过你们的定格动画，快速学习、掌握这个科学知识。

期待你们的成果呀！

二、学习建议

◆ **适用学段：**定格动画在生活中很常见，青少年通常对其并不陌生，只要理解了什么是视觉暂留原理，具备一定创造性的孩子就都能参与，因此本项目适合小学四年级以上的学生。年龄更小的孩子，如有教师、家长指导和协助，也可以尝试完成本项目。

◆ **组织方式：**定格动画的创作过程并不复杂，读者可组队完成，也可尝试独立完成。为了帮助大家更好地学习相关知识，锻炼团队合作、与人沟通的能力，建议有条件的读者尽量组队完成本项目，小组人数2—4人均可。

◆ **建议实施时长：**创作定格动画主要包括理解什么是定格动画，找到一个想表达的科学知识作为主题，准备动画脚本、道具与拍摄、剪辑、展映等几个环节。建议大家利用课余时间进行，时长以半个月至一个月为宜。

这个项目将帮助你收获以下知识和技能：

◆ 增强对科学现象的观察意识，深刻理解某个科学知识。

◆ 增强动手制作道具的能力，激发创意。

◆ 掌握定格动画拍摄、剪辑、展映等技术。

◆ 学会用定格动画这一媒介工具进行表达的能力，增强主动分享的意识，提高媒介素养水平。

同时，组队完成的小组还将锻炼并增强以下技能：

◆ 沟通交流能力。

◆ 问题解决能力。
◆ 团队合作能力。

三、项目任务清单

制作一部定格动画作品需要完成多道工序，为了让你更快地了解项目的全貌，有序推进项目工作，这里给你提供了"项目任务清单"，请你在项目实施过程中有意识地利用好该清单，帮助你更好地完成所有项目任务。

项目任务清单

阶段名称	主要项目事项	计划完成时间	实际完成时间	参考文献及书籍
了解定格动画	仔细阅读介绍定格动画的书籍，浏览优秀的定格动画作品，了解定格动画的制作原理			
组建团队	团队组建及分工			
学习科学知识	选定要展示的科学知识			
	仔细观察科学现象，深刻理解背后的原理			
制作定格动画	撰写动画脚本			
	思考道具的选材，并制作道具			
	逐格拍摄定格动画需要的照片			
	剪辑动画			
作品展映	向亲朋好友展示定格动画作品			
	参加科普类定格动画征集活动（选做）			
项目反思与回顾	完成项目反思单			

为准确预估每个环节所需的时间，建议你先读完后面的项目内容、完成要求等，并配合阅读相应的参考书，这样可以帮助你更好地进行项目规划。

四、项目内容

（一）了解定格动画

说到定格动画，离不开一个关键词，叫做"视觉暂留"（又被称为视觉遗像）。这是指大脑在一定时间内会对人眼看过的东西保留印象的现象，也就是说，当物体移开后，视觉印象不会立即消失，而要延续0.1—0.4秒的时间，这就叫"视觉暂留"。我们来做个实验，注视下方左图中央的三角形30秒，不要眨眼，然后转头看向白色的墙壁，并不停地眨眼，你是不是在墙壁上看到右图的图像啦？这其中的奥妙就是视觉暂留。

利用这个原理，只要1秒钟内能够在人眼前呈现24幅以上有关联的静态图片，人就会感觉这些图片是在"运动"，也就是我们常说的动画。定格动画是动画中的一类，它是利用人的"视觉暂留"原理，采用逐格拍摄的方式，把一系列静态的、有关联的图像连在一起，形成好似动态效果的作品表现形式。

要完成一个定格动画作品，你大致需要经历如下6个步骤：

1. 确定选题。

2. 撰写动画脚本：在动画脚本中，要列明情节、撰写配音台词，并标明每个场景的景别和每个场景要用到的道具。

3. 制作场景和道具。

4. 逐格拍摄照片。

5. 后期合成、配音、制作字幕。

6. 展映。

你可以仔细阅读《创意定格动画实验室》[①]一书，书中不仅对定格动画有详细的介绍，还配备了大量的图片和视频案例，可以帮助你快速了解其原理，给予你创作上的灵感。

（二）团队组建及分工

定格动画并不复杂，一个人或2—4人的团队就可完成。合理的分工、顺畅的合作能大大提升制作效率，下面是分工合作方面的建议，供你参考。

正如上文所讲，完成一条科普内容的定格动画共需要6个步骤。由于科学知识是整个项目的基础，因此建议所有小组成员都要参与"确定选题"的工作，共同选定本组要普及的科学知识，弄清知识背后的原理。撰写动画脚本、制作道具、逐格拍摄和后期合成这4个环节的工作，大家可以有所分工，如抽象思维好、善于编故事的同学，可负责动画脚本的撰写；动手能力强、创新意识高、绘画技术好的小伙伴，可负责道具的制作；会使用摄影设备拍照、做事仔细认真的同学，最好负责逐格拍摄；能熟练使用平板电脑、各种软件的小伙伴，则适合负责后期合成；展映部分，因为是介绍、展示团队的成果，因此建议所有成员都参加，努力传播你们的作品，使其真正发挥科普作用。

在了解了定格动画制作的主要工序和分工建议后，请你和小伙伴们一起协商，组建团队并合理分工吧！请完整填写下面的内容，以便团队中的每个人都清楚自己的职责。

[①] 《创意定格动画实验室》，[英]梅尔文·特南著，李之瑾、李悦雯译，上海人民美术出版社，2016年。

       _____小组分工记录单

我们是_____定格动画制作团队。
我们团队中有____人，分别是_____。
我们推选_____作为我们组的组长。
我们将会一起完成_____环节的任务。
除此之外，_____主要负责_____环节的工作；
     _____主要负责_____环节的工作；
     _____主要负责_____环节的工作。

（三）选定科学知识，理解其中奥妙

  完成组建团队的任务后，就进入到选定科学知识、观察科学现象、理解其中奥妙的阶段！一部定格动画的时长通常为30秒到1分钟，所以大家要考虑清楚，什么样的科学知识才能让你们在有限的时间里能够说清原理。

  举个例子吧！之前有同学创作的《由花到果——绿色开花植物的生殖秘密》就是一个很好的选题。绿色开花植物由花到果的生长周期很长，繁殖方式又很微观、隐蔽，一般人难以了解全貌。该组同学用定格动画的形式，生动展示出植物开花、授粉、双受精、结果的动态过程，帮助观众直观地看到知识背后的原理，达到了科普的效果。

  如果你们小组一时没有选题思路，不要着急，建议大家多翻翻科学、物理、生物教材，或者去当地的科技馆转一转，也许可以受到启发。非常重要的是，选定科学知识后，你们自己一定要多观察、多动手实验，确保弄清其中的奥秘。只有自己真懂了，每个细节都摸清了，才有可能通过动画的方式教会他人。

      _____小组定格动画讲科普选题记录单

我们选定的科学知识是：_____
这个科学知识的现象是：_____
背后的原理是：_____
_____

（四）撰写动画脚本

什么是动画脚本？要怎么撰写呀？说到动画脚本，你可能会觉得陌生，头脑里有各种问号。其实，就像大家写作文前要列提纲一样，动画脚本就是制作动画的"提纲"，它能帮助大家想清楚，动画里都有什么内容、涉及哪些场景，需要制作什么样的道具等。

一个常见的动画脚本表头包含以下内容：镜号、景别、解说（对白）、音乐/音效、角色、时间、场景、道具等。下面，我们就来一一分析它们的含义以及填写方法。

常见的动画脚本

镜号	景别	解说（对白）	音乐/音效	角色	时间	场景	道具
1							
2							
3							

◆ **镜号**：是指镜头的顺序号，用1、2、3表示。

◆ **景别**：常用的景别包括远景、全景、中景、近景和特写5种。

◆ **解说（对白）**：是指动画播出过程中，配合画面同时播出的一种说明性语言，这种语言可以快速帮助观众正确理解动画作品传达的意思。解说（对白）可以使用同期声，也可以使用后期配音。

◆ **音乐/音效**：就是指为营造场面的真实感、气氛或戏剧效果，为定格动画选取的背景音乐和声音特效，比如"罐头笑声"就是一种常用的音效。

◆ **角色**：是指动画中的"人物"，可以是真实形象，也可以是虚拟形象。

◆ **时间**：通常以"秒"为单位。

◆ **场景**：是指动画中的场面，代表某种情景。

◆ **道具**：是指动画中用到的所有器物。常见的制作定格动画道具的材料包括乐高积木、黏土、彩纸等。

　　下表展现的是一份填写好的定格动画脚本。这份脚本是由一组小学六年级的学生制作的，由于篇幅较长，这里只节选了其中的一部分。同时，这些学生还根据脚本拍摄了定格动画，这里也截取关键帧图片供大家参考。你们可以对照着脚本和关键帧图片来看，加深对动画脚本表中各项内容的理解。

《海的女巫》定格动画脚本及作品画面（节选）

镜号	景别	解说（对白）	音乐/音效	角色	时间	场景	道具	画面
0	/	海的女巫	/	/	3秒	/	/	
1	全	从前，有一群快乐的航行者，他们驶向共同的目的地——幸福的彼岸。他们无忧无虑，畅想未来。	富有激情的音乐	一群快乐的航行者	20秒	一艘载满人的小船在大海中滑行，背景是湛蓝的天空，白云一直在飘动。	蓝天、白云：用白纸剪裁成型、彩笔绘制 大海：用水晶泥、碎彩纸制作 航行者：乐高小人 小船：用彩泥捏制	
2	中							

098

（续表）

镜号	景别	解说（对白）	音乐/音效	角色	时间	场景	道具	画面
3	中	好景不长，有一天，他们遇上了一个可怕的女巫。	打雷声	航行者们 女巫	16秒	天变阴沉，女巫坐着游艇与航行者们相遇，女巫开始攻击小船，航行者们相继落水。	女巫：乐高小人 游艇：用乐高积木组装	
4	近		落水声 诡异的笑声					
5	近							
6	特	无	悲壮的音乐	1个航行者	5秒	1个航行者落入大海，不断下沉。	大海：蓝色彩纸 航行者：乐高小人	
7	特			2个航行者	7秒	1个航行者落入大海，不断下沉，另外1个航行者下去救人。	2个航行者：乐高小人	
8	特		出水声	2个航行者	5秒	2个航行者抱在一起，向海面上奋力游泳。	2个航行者：乐高小人	

看完上面的示例，你们是不是对动画脚本各项内容的理解更清楚啦？现在，请大家认真商量，完成自己的动画脚本吧！

_____的定格动画脚本

动画名称		动画总时长		脚本创作人	

镜号	景别	解说（对白）	音乐/音效	角色	时间	场景	道具

（五）制作场景和道具

完成动画脚本后，大家要根据脚本内容制作场景和道具。生活中能用来制作场景和道具的材料很多，如彩泥、彩纸、毛线、回形针、乐高积木，甚至像易拉罐之类可再利用的"废品"都是很好的选择。如果你没有思路，可以多看看上文推荐的《创意定格动画实验室》一书，书中列举了很多制作道具用的材料以及最终的呈现效果。等你有了一定经验后，你还可以大开脑洞，尝试使用更多生活中常见的物品做道具。

场景和道具制作清单

序号	场景/道具名称	所用材料	数量	负责人

（六）逐格拍摄

场景和道具准备好后，我们就要进入动画拍摄阶段啦。上文已经介绍过，定格动画是由一系列静态的、有关联的图像组成的。所以，逐格拍摄照片至关重要。

你可以使用手机、相机或平板电脑等自带的拍照软件来拍照，也可以使用专门制作定格动画的软件来拍照。

在拍摄照片时，如果能注意以下要点，你们的作品将会更完美。

1. 拍摄内容具备科学性，没有常识错误。

2. 为确保动画作品的流畅性，每秒的照片数不少于6张。

3. 画面构图合理，细小动作给特写镜头。

比如上文提到的"从花到果"动画作品，学生就使用了全景镜头展现"开花",特写镜头展现了"种子的结构"。

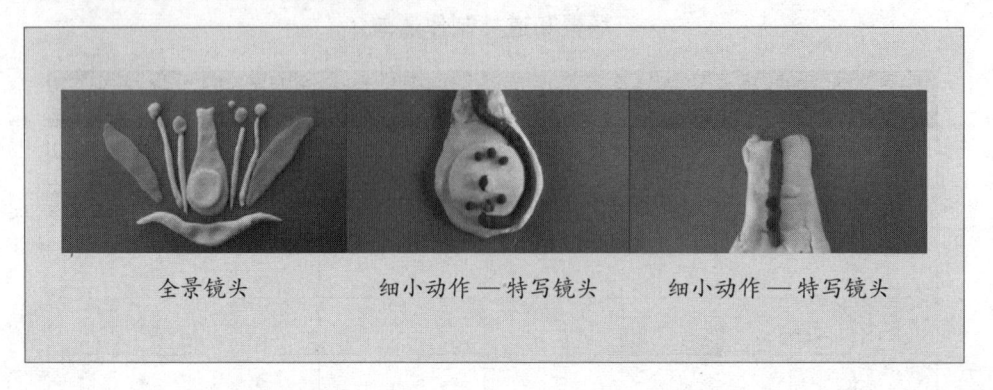

全景镜头　　　　细小动作——特写镜头　　　　细小动作——特写镜头

4.确保画面稳定,动作流畅。

拍摄时,大家一定要注意设备稳定,一旦视角确定好了,在一个完整的场景拍完之前,千万不要移动拍照设备,否则画面会有跳跃,非常影响观看效果。为了能让画面稳定,建议你选择一张足够大的桌子做操作台。如果有条件,你也可以准备三脚架、快门线等辅助工具。在拍摄时,道具的动作幅度不要过大,否则也会造成视觉上的跳跃,渐出渐收才能确保最终呈现的作品完整、顺畅。

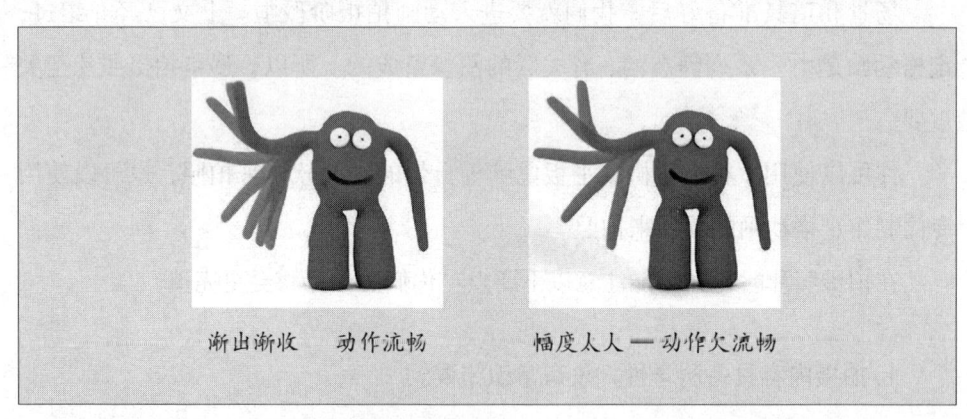

渐出渐收　动作流畅　　　　幅度太大——动作欠流畅

5.无影子,桌面物品、手等不要入画面。

拍摄时,画面一定要占满整个镜头,尤其注意桌面上的物品、握持设备和道具的手等不要进入画面,以免穿帮。

无穿帮　　　　　　　　　　　穿帮严重

（七）后期合成、配音、制作字幕

所有静态照片都拍摄完成后，就到了后期制作的阶段。你可以使用"定格动画工作室"来制作，它的优点是容易操作，所见即所得，特别适合初学者；也可以使用常见的视频编辑工具，如 Adobe Premiere 来制作，它们的好处是功能全面，配音、配字幕等功能应有尽有；你也可以先使用"定格动画工作室"把定格动画视频制作好，再将导出的视频放入其他视频编辑工具，增加一些特效和字幕，这样做，既能简化制作动画视频的难度，又能提升作品的质量和观赏性。

不管使用哪种方法，在此环节，请你和组内的小伙伴一起，完成本组的定格动画作品，具体要求是：

1. 用定格动画的方式呈现选定的科学知识，并确保内容准确无误，具有科学性。

2. 作品完整，有片头、片尾，最终的视频时长不少于30秒，帧率不少于6帧/秒。

3. 为作品加载合适的配音、音乐、音效和字幕。

4. 导出 mp4 格式的作品。

（八）展映

祝贺你们！完成了自己的定格动画。现在，是将作品分享出去，让更多的观众能看到你们作品的时候啦！你们可以通过微信、QQ 群等途径，将作品发到家庭、班级群，供亲朋好友欣赏；也可以将作品发到抖音、快手、哔哩哔哩等短视频平台，和更多的网友分享。还有一个传播途径，可能是你们没想过的，就是参加定格动画作品征集大赛，或主动与当地科技馆等单位联系，将视频发送给他们，也许有公开展映的机会呦！

内蒙古科技馆曾经做过的征集定格动画短视频作品的活动介绍，这样的活动还有很多，比如著名的高质量问答社区——知乎，也开展过类似的作品征集活动，你可以多在互联网上搜索相关信息，为自己的作品找到更多、更好的传播途径。

我们的作品分享计划

计划1：分享渠道_____   注意事项_____   负责人_____

计划2：分享渠道_____   注意事项_____   负责人_____

计划3：分享渠道_____   注意事项_____   负责人_____

五、项目反思与总结

到此，项目接近尾声了，你对定格动画以及科普工作的认识，是不是都已经上了新台阶呢？请和你的小伙伴们一起回顾一下你们的创作历程，仔细挖掘一下你们的收获及感受吧！

（一）对本项目进行反思与总结

参与《巧用定格动画讲科普》项目：

我觉得最意外的地方是：_____

我觉得最有趣的是：_____

如有机会，我希望进行改进的是：_____

我还想再尝试制作的主题包括：_____
_____

关于团队合作，我最大的感受是：_____
_____
_____

我还想说：_____
_____
_____
_____

（二）写在最后

至此，巧用定格动画讲科普项目就全部结束啦，祝贺你们已经掌握了制作定格动画的基础技能！其实，定格动画是一种媒介呈现手段，它不仅可以用来讲科普，还可以用来呈现更多的事，比如记录大家的生活，展现你正在阅读的书籍等。希望你未来能巧用定格动画制作更多好作品，为自己的生活增添乐趣和精彩！

给爷爷奶奶的微信使用说明书

一、项目简介

　　提起微信，大家应该都不陌生。有报道显示，2023年，微信及WeChat的合并月活跃用户数达到13.43亿。可以说，我们的学习、工作、生活，已经越发离不开这款即时通信工具了。但大家想过没有，语音通话、视频聊天、转发分享、点赞、收藏，这些微信上我们轻而易举的简单操作对爷爷奶奶来说可能却"深奥无比"。由于爷爷奶奶不会或者不能熟练使用微信，他们丧失了不少和大家交流、分享的机会，也缺失了很多快乐。那怎么才能帮助爷爷奶奶学习使用微信呢？绘制一份给爷爷奶奶的微信使用说明书是个不错的选择。

　　说明书是对某物进行详细描述、方便人们认识和了解该物的一种说明性文件。我们在生活中经常能见到说明书，你不妨去找来看看。

　　你可能会问："为什么我要绘制一份说明书，而不能直接教爷爷奶奶呢？"和绘制说明书相比，直接教的好处是准备工作少，但缺点是效果不好，这是由文字、图片、声音等媒介的特性决定的。声音具有空间性，且转瞬即逝，这意味着你教爷爷奶奶时，你必须在现场。如果他们没学会，还得等你有空时才能再学一遍。而文字、图片能够突破时间和空间的限制，并可以反复阅读。爷爷奶奶可以在他们需要的时候，拿出说明书看一看，这时候也许你在上课，或是在睡觉，但这都不影响爷爷奶奶学习。

　　当然，除了说明书，还有其他方式也可以教爷爷奶奶学习微信的使用方法，比如可以录制一段演示视频，供爷爷奶奶反复观看学习。重要的是，你能理解每一种媒介（指文字、声音、图片等）的优点和局限性，会影响最终的教学效果。我们解决问题时，要会选择合适的媒介。如果你想了解更多关于媒介形式的特点，可以阅读《传播学概论》[①]一书的第二和第八章。书中详细介绍了文字、声音、图形、图像等信息载体和报纸、广播、电视等媒介形式的特点。

好啦！现在我们言归正传，开始制作微信使用说明书吧。在本项目中，你将和小伙伴们一起，用漫画的方式绘制一份微信使用说明书，以便能让爷爷奶奶或其他长辈们，快速学会微信常用功能的使用方法，和我们年轻人一起分享科技带来的便利。

二、学习建议

- ◆ **适用学段**：初中学生的同理心较小学生更强，更易理解爷爷奶奶使用微信时可能遇到的困难，为此本项目适合初中及以上学段的学生尝试。
- ◆ **组织方式**：项目可单人完成，也可小组合作完成，建议每个小组的学生数量不超过3人。若家长有时间精力，本项目也可由学生和家长共同完成，既为亲子共处提供了好机会，又能增加学生和长辈之间的沟通了解。
- ◆ **建议实施时长**：本项目的实施时长可短可长，视绘制的功能多少决定。若利用学生课余时间进行，建议周期1个月为宜。

这个项目将帮助你收获以下知识和技能：

- ◆ 初步学习社会科学研究方法。
- ◆ 初步了解老年人的生理、心理特征。
- ◆ 学习漫画的相关知识，体验漫画创作流程。

同时，你们还将锻炼并增强以下技能：

- ◆ 观察能力。
- ◆ 沟通交流能力。

[①] 《传播学概论》，胡正荣主编，高等教育出版社，2017年。

◆ 用户思维。

◆ 同理心。

三、项目任务清单

完成本项目需要经历5个环节。为了让大家更快地了解项目全貌，有序推进项目工作，这里提供了"项目任务清单"。请大家在项目实施过程中有意识地利用好该清单，以便更好地完成所有项目任务。

项目任务清单

阶段名称	主要项目事项	计划完成时间	实际完成时间	参考文献及书籍
项目启动	团队组建及分工			
	了解项目流程，做好项目时间规划，填写项目任务清单			
知识储备	学习用户思维，设计访谈提纲，了解爷爷奶奶的生理/心理特点			
	熟练使用微信核心功能			
	了解说明书的样式和绘制方法			
绘制说明书	绘制图文并茂的微信使用说明书			
效果检验与发布	邀请爷爷奶奶试用，检验说明书效果			
	根据效果修正说明书			
	发布说明书			
项目反思与回顾	完成项目反思单			

为准确预估每个环节所需的时间，建议你先读完后面的项目内容、完成要求等。配合阅读相应的参考书，可以帮助你更好地进行项目规划。

四、项目内容

（一）团队组建

本项目可以独立完成，也可组建团队共同完成，建议团队人数不超过3人。组建团队的好处是：可以发挥集体的优势，集思广益；有更多的适龄老人可以采访，以便更准确地了解老年人的特点；绘制的微信使用说明书可以供更多的适龄老人使用，以便更全面地检验说明书效果。

另外，你也可以邀请爸爸妈妈一同完成本项目，这将成为一个很好的亲子共处的机会。据了解，很多父母一见到子女使用手机就紧张，生怕孩子沉迷手机不能自拔。你可以让爸爸妈妈看到你使用手机认真"工作"，让他们意识到你在成长；同时，你也可以和爸爸妈妈一起采访爷爷奶奶，加强家庭成员之间的相互了解。

不管选择哪种方式，请你决定后认真填写下表：

> **给爷爷奶奶的微信使用说明书项目团队组建记录单**
>
> 1. 我选择_____完成本项目。
> A. 独自　　B. 与同学朋友一起　　C. 与父母一起　　D. 其他，_____
> 2. 我这么选择的原因是：_____
> 3.（若团队完成，请填写）我们团队的名称是_____，共有____人，分别是：_____，我们推选_____作为组长。

（二）知识储备

1. 了解受众

绘制微信使用说明书前，你需要深入地了解受众，即说明书的阅读者。"用户思维"——站在用户的角度来思考问题，是目前主流的产品设计思维。每个用户群体都有自身的生理、心理特点，这个特点决定了产品设计时要遵循的原则。比如，通常来说，爷爷奶奶的视力没有年轻人那么好，他们的眼睛会出现老花等问题，只有大字才能看清，那么你在设计说明书时，就要时刻谨记字大这个原则。除了字大以外，还需要注意哪些设计要点，就需要你去发掘啦！你除了可以通过观察来了解爷爷奶奶，还有一个好办法，就是直接询问。但这个询问和平时聊天不同，是具有强烈目的性的，在科学研究的资料收集方法中，我们称其为"访谈"。

因为具有强烈的目的性，在做访谈之前，通常我们会列"访谈提纲"，也就是提前记录想问的问题。访谈主要分为封闭性访谈、半封闭半开放性访谈和开放性访谈。采访爷爷奶奶时，建议你做半封闭半开放性的访谈。你可以罗列几个已经想好的问题，先与爷爷奶奶交流，在沟通的过程中，也可能会产生新的问题。另外，如果"访谈对象"的数量多，他们的回答会更具有普适性，可以让你加深对老年人群体的了解。所以，建议你多找一些老年人询问，从中提炼规律，作为自己设计微信使用说明书的设计原则。

给爷爷奶奶的微信使用说明书项目用户访谈计划及结论

我想采访的对象是：_____

我计划询问的问题是：_____

_____

_____

_____

梳理访谈对象的回答，我发现老年人具有_____

_____的特点，所以在设计微信使用说明书时，我应该注意：

_____

_____

_____

2.熟练使用微信，并选择要介绍的核心功能

除了了解受众以外，在绘制使用说明书之前，你还需要熟练使用微信：包括如何下载、安装应用程序，如何注册账号、登录账号等。只有你自己能熟练应用了，才有可能介绍清楚，帮助他人学会微信的使用方法。

很重要的一点是，目前微信的功能已不再局限于即时通信（如发文字、语音信息，语音、视频通话等），它还包括社交功能（如朋友圈、视频好分享日常生活等）、支付功能等；你需要思考，哪些功能对爷爷奶奶来说是核心功能，是他们急需掌握的。其他非核心功能，可以待爷爷奶奶掌握微信的基础使用方法以后再学习。一股脑地将所有功能都推给爷爷奶奶，并不利于他们学习，反而可能会加重他们的心理负担，对学习新事物产生排斥情绪。

如果你自己也不清楚微信该如何使用，不要着急，你可以参考《零基础学微信全程图解手册》[①]一书。不过请注意，此书于2021年出版，其中一些功能的使用方法可能已有更新，你参考时需要甄别。

> 通过我的观察，微信上的＿＿＿＿＿＿＿＿＿＿＿＿＿＿＿＿功能，是我最想教给爷爷奶奶的。

3.了解说明书的样式和绘制方法

了解说明书的样式和绘制方法，是知识储备阶段的一大工作。你可以留心观察家里已有的说明书，看看它们都有哪些重要的组成部分，是如何图文结合进行说明的。此外，互联网上已经有一些"手绘微信使用说明书"的作品，都是网友们自发为爷爷奶奶、爸爸妈妈设计的，你可以借鉴参考，并在这些作品的基础上扬长避短，发挥自己的创意。

[①]《零基础学微信全程图解手册》，孟辉编著，北京时代华文书局，2021年。

（三）绘制说明书

当你完成知识储备环节后，就可以开始绘制微信使用说明书啦。你可以选择纯手绘，也可以使用电脑绘制，但至少要完成以下要求：

（1）内容包括下载微信应用程序、注册账号、登录账号以及介绍不少于3个微信核心功能。

（2）从老年人的视角出发，作品符合老年人的需求。

（3）有封面、有封底，封底包含制作团队的基本信息。

（4）图文并茂。

你一定发现了，应用程序的更新速度非常快。很多软件每隔一段时间就有一个更新的版本。那么怎么才能使我们制作的微信使用说明书跟得上软件的更新速度，不会过阵子就落后了呢？这里给你个小建议，就是可以在作品"装帧"上下功夫。你可以使用"活页"的装订方法：如果是手绘，你可以在空白活页纸上创作，待作品全部完成后，放入活页夹收纳；如果是电脑绘制，你可以将作品打印出来，使用胶圈装订。日后，若软件版本有变化，你只需要及时替换更新的内容即可，不需要重新修改整个作品。

另外，选择手绘的同学，也可以参考一些漫画和字体设计的书籍，比如《美国漫画绘制教程》[1]《让手账变可爱：超实用手绘字体教程》[2] 等，增加作品的美观性、趣味性。

---

[1] 《美国漫画绘制教程》，[美]迪克·乔达诺著，刁海鹏译，人民邮电出版社，2013年。
[2] 《让手账变可爱：超实用手绘字体教程》，灌木文化主编，吴海燕编著，人民邮电出版社，2019年。

（四）效果检验与发布

1. 效果检验与修正

在完成微信使用说明书的绘制之后，一件重要的工作就是进行效果检验，并根据效果修改说明书。要求如下：

（1）请找至少4位老年人阅读使用说明书，并按照说明书内容操作，看是否可以学会使用微信。注意，试用的人越多，越可能提出合理的修改建议，所以如果有条件，你可以找更多的老年人测试说明书的效果。

（2）设计问题，了解老年人的使用感受。

（3）归纳使用感受，从中发现问题，并根据问题修改说明书。

给爷爷奶奶的微信使用说明书项目效果测试及修改计划

我请的测试对象是：_____

我计划询问的问题是：_____

_____

_____

_____

_____

梳理答案，我发现作品中_____

_____需要改进，我将对作品进行修改。

---

2. 作品发布

祝贺你顺利完成了微信使用说明书的制作工作！下面，请将说明书发布出去，争取让更多的老年人看到你的作品，学习使用微信这个应用程序吧！

你可以与自己所在的社区合作，将作品发给社区工作人员，在他们的帮助下，将作品扩散给当地的老年人；也可以通过自己的爷爷奶奶，把作品发给他们的同龄朋友；还可以把作品发到网络上，没准会成为热点新闻……总之，请至少选择一种渠道将作品传播出去，以便惠及更多的老年人，发挥说明书应有的作用。

> **给爷爷奶奶的微信使用说明书项目成果发布计划**
> 我计划的发布渠道是：_____
> 我已于____年____月____日，通过_____将作品发布出去。
> 据我所知，截至____年____月____日，已有____位老年人通过我的作品学会使用了微信。

五、项目反思与总结

紧锣密鼓的工作持续了不短的时间，爷爷奶奶们的笑脸是不是让你觉得一切努力和付出都很值得呀！让我们在项目结束前再仔细回顾一下项目进行中的点点滴滴，帮助我们取得更多收获与成长吧！

（一）对本项目进行反思与总结

> 通过《给爷爷奶奶的微信使用说明书》项目：
> 我发现：_____
> 用户思维对我的最大启示是：_____
> _____
> 将来如果我有机会设计应用软件，针对不同的人我会：_____
> 例如，我发现老年人在软件应用方面最希望：_____
> 而年轻人最希望：_____
> _____
> 我还想说：_____
> _____

（二）写在最后

再次祝贺你，顺利完成本项目的所有内容。相信通过这个项目，你对老年人群体有了更多的理解，培养了更强的同理心。其实，随着科技的发展，老年人会面临很多"数字困境"，不会使用微信只是其中的一个典型代表。如果你注意观察，就会发现，爷爷奶奶还可能不会网购，不会使用软件叫车，不会上网听音乐、看视频……太多我们认为理所当然的事，对他们来说可能都是一座座大山，给他们的生活造成了不便。

这时，就需要更多年轻人来帮助父母和祖父母辈，进行"文化反哺"。"给爷爷奶奶的微信使用说明书"只是一个开端，希望你学会这种用说明书介绍某件事（物）的方法，创作更多更好的媒介作品。

微信公众号创意推文

一、项目简介

  2012年，微信公众号横空出世。经过十几年的发展，微信公众号已然成为当代网民生活中不可或缺的组成部分。据新榜日常监测的百万级微信公众号样本库显示，2022年1月1日至2022年12月31日期间，微信公众号累计产出了至少3.98亿篇文章。也就是说，每天至少有超过109.27万篇新文章推送给读者。

  这么多微信公众号文章，里面是否有你感兴趣的？快打开手机查一查，你关注了多少个微信公众号？在这些微信公众号中，你最喜欢或最常阅读的公众号是哪个？你想过没有，有一天，你也可以成为公众号"作者"，甚至有机会创作出"10万+"的爆款文章？如果你想试试，那就快来参与本项目吧？

  在本项目中，你将一改往日公众号"读者"的身份，摇身一变成为"作者"，与小伙伴们一起，体验申请、创作、运营一个微信公众号的全过程。待你熟悉这些操作之后，你可以更加深入地学习爆款文章的写作方法，没准下一个微信公众号之星就是你呢！

二、学习建议

- ◆ **适用学段**：申请、创作、运营微信公众号，对学生的信息技术有一定要求。因此，本项目适合初中及以上学段的学生参与。
- ◆ **组织方式**：建议学生以小组合作的方式完成本项目，每个小组由3—4人组成。运营一个公众号，意味着同学们需要以一定的频率更新公众号中的文章。小组的方式可以减轻每位同学的负担，既能达成按时更新的目标，又不会过于占用学生的时间和精力。

◆ **建议实施时长：**学习公众号的申请、创作、运营技巧不需要很长时间，1周内即可完成。但是，要运营好一个公众号，是需要一定周期的。建议用1—2天的时间，集中学习公众号的相关知识；然后用一学期或更长时间，定期更新、运营自己的公众号。

这个项目将帮助你收获以下知识和技能：

◆ 写作能力。
◆ 跨媒介阅读与交流能力。
◆ 版面设计能力。

同时，你们还将锻炼并增强以下技能：

◆ 观察能力。
◆ 策划能力。
◆ 合作与交流能力。
◆ 新媒体运营能力。

三、项目任务清单

完成本项目需要经历五个环节。为了让大家更快地了解项目全貌，有序推进项目工作，这里提供了"项目任务清单"。请大家在项目实施过程中有意识地利用好该清单，以便更好地完成所有项目任务。

项目任务清单

阶段名称	主要项目事项	计划完成时间	实际完成时间	参考文献及书籍
项目启动	团队组建及分工			
	了解项目流程，做好项目时间规划，填写项目任务清单			

（续表）

阶段名称	主要项目事项	计划完成时间	实际完成时间	参考文献及书籍
准备阶段	了解微信公众号			
	确定公众号具体信息			
	申请微信公众号			
创作阶段	撰写微信公众号文章			
	版式设计及文章发布			
运营阶段	撰写运营策划案			
	定期更新与运营			
项目反思与回顾	完成项目反思单			

为准确预估每个环节所需的时间，建议你先读完后面的项目内容、完成要求等，并配合阅读相应的参考书，这样可以帮助你更好地进行项目规划。

四、项目内容

（一）团队组建

通常情况下，微信公众号可以由一人独立运营，也可以由团队共同运营。考虑到大家的时间、精力有限。为此，本项目建议大家组建团队，共同运营，以此来体验运营公众号的整个过程。但是，仍然希望团队中的每个人，都能掌握公众号申请与公众号文章的撰写、发布的方法。这样，当你日后有需要的时候，就可以独立完成此事。

好啦！顺着这个思路，请你找志同道合的小伙伴们一起，组建一个团队吧！团队成员的数量控制在3—4人，团队组建好后，请你填写下面的表格。

┌───┐
　　　　　　　　　　微信公众号团队基本信息
1. 我们的小组名称是：＿＿＿＿＿＿＿＿＿＿＿＿＿＿＿＿＿
2. 我们的组长是：＿＿＿＿＿，组长的具体职责是：＿＿＿＿＿＿＿＿＿＿
3. 我们的组员共＿＿＿＿位，包括：＿＿＿＿＿＿＿＿＿＿＿＿＿＿＿
└───┘

（二）准备阶段

1. 了解微信公众号

在正式开通微信公众号之前，你需要对公众号有简单的了解。目前，微信公众号主要包括以下四种类型：服务号、订阅号、小程序和企业微信。每一种类型的公众号都有自己独特的目标、应用场景、适用范围和发布规则。比如，企业微信的申请主体必须是企业和组织，个人无法申请；服务号1个月（按自然月计算）内只能发布4条群发消息；订阅号1天内可群发1条消息。下图可以帮助你更好地了解订阅号、服务号和企业微信的区别。在本项目中，建议你申请一个"订阅号"来完成项目任务。

订阅号	服务号	企业微信 原企业号
为媒体和个人提供一种新的信息传播方式，构建与读者之间更好的沟通与管理模式。	给企业和组织提供更强大的业务服务与用户管理能力，帮助企业快速实现全新的公众号服务平台。	为企业和组织提供专业的通讯与办公工具，员工能以专业的身份添加并服务客户，实现成交。
适用于个人和组织	不适用于个人	适用于企业和组织
群发消息　　　　1条/天	群发消息　　　　4条/月	群发消息　　　　无限制
消息显示位置　订阅号列表	消息显示位置　　会话列表	消息显示位置　　会话列表
基础消息接口/自定义菜单　有	基础消息接口/自定义菜单　有	基础消息接口/自定义菜单　有
高级接口能力　　　　无	高级接口能力　　　　有	高级接口能力　　　　有
微信支付　　　　　　无	微信支付　　　　　可申请	微信支付　　　　　　有
了解详情	了解详情	了解详情
选择并继续 ＞	选择并继续 ＞	选择并继续 ＞

2.确定公众号具体信息

申请订阅号时,你需要填写"账号名称""功能介绍"等多项信息。请你和小伙伴们一起讨论,提前确定这些信息,这样在申请账号时会更加快捷。

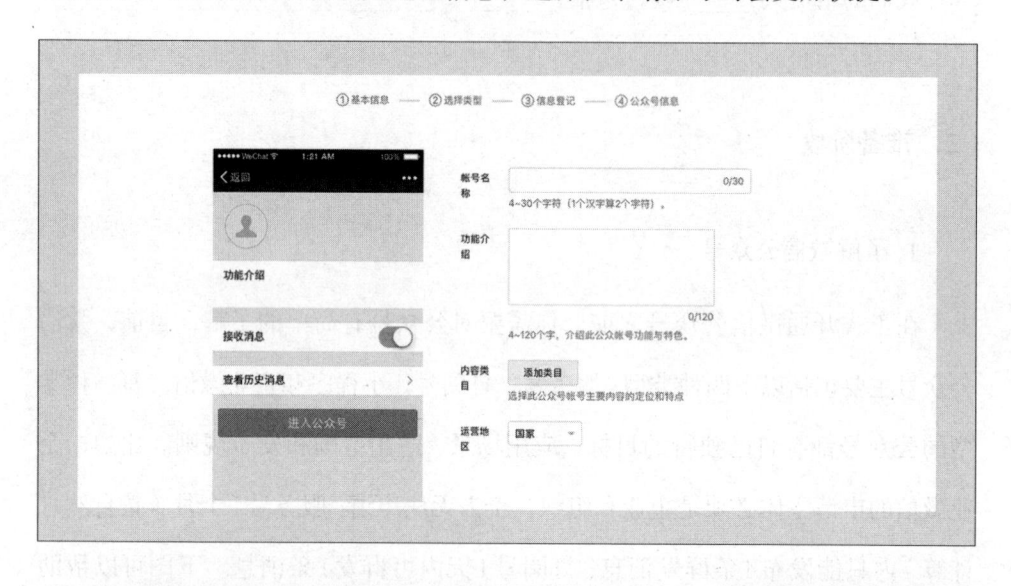

要想回答好"账号名称""功能介绍"和"内容类目"这几个问题,你首先需要考虑,自己是出于什么目的要申请微信公众号。一般来说,创建微信公

众号主要出于以下三种原因:第一种,宣传自我。这里的"自我"是广义的"自我",可以指个人,也可以指"组织"。比如,你所在的学校有自己的官方微信公众号吧,那你可以效仿学校的微信公众号,给自己的班级、常参与的社团建立一个微信公众号,让同学、校友看到你(们)的风采。第二种,展现兴趣。这类微信公众号很多,音乐类、舞蹈类、体育类等等,建立这样的微信公众号,可以帮助你快速找到志同道合的伙伴。第三种,日常记录。现在,很多人把写纸质笔记的习惯改为写公众号文章了,你可以在公众号中,记录自己每天发生的事儿、读过的书,或者是正在做的科学研究的结果。使用公众号这种方法进行日常记录的好处是信息不易丢失、可以使用关键词快速查找以及可以和更多人分享。了解了上述三点原因之后,请你和伙伴们确定自己公众号的创建目标以及主题,比如你想创建一个宣传班级的公众号,目标就是进行班级宣传;或者你想建一个展现兴趣的公众号,目标是进行音乐分享;抑或者你想建一个读书类的公众号,目标就是记录日常阅读的书籍等都是很好的想法。

确定了公众号目标和主题后,我们就要来仔细思考公众号的账号名称、功能介绍和内容类目了,这三点其实是一脉相承的,目的都是能让其他人一目了然地理解你的公众号的主要内容。比如,一个叫做"银河落九班"的公众号,它的介绍是"BHSF 2021届九班的心灵栖居地"。怎么样,不用多介绍,你也能猜到这个公众号的内容都是什么吧?没错,这个公众号发布的原创内容都是和北京四中2021届9班有关的。这个公众号有一篇推文叫做《来自大佬们的碎碎念》,四位班里学习成绩优异的同学在这篇推文中介绍了自己的学习方法。另一个叫做"程序员知识圈"的公众号,它的介绍是"程序员知识圈,旨在为中国IT从业者提供广泛、优质的学习内容,助你轻松玩转IT!"。想象一下,如果你是一个编程爱好者,看到这样的公众号介绍,是不是愿意关注呢?

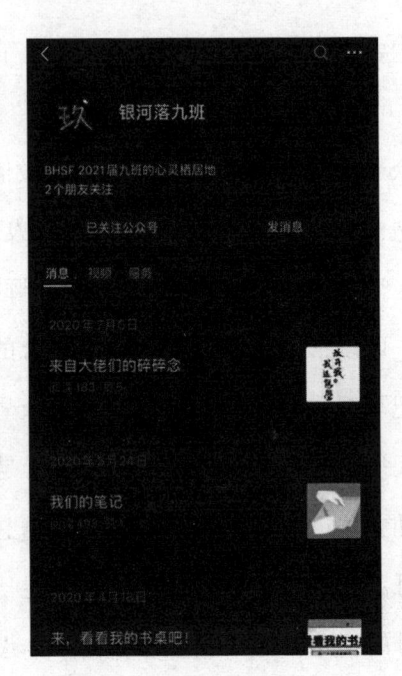

好啦！快来和其他组员们商量一下你们的公众号名称、介绍和内容类目吧！比如，上面提到的班级公众号，可以叫"××（学校简称）无敌的×班"；记录阅读的公众号，可以叫"××的图书馆"。总之，用最精简、引人入胜的语言进行描述，可以让更多读者愿意关注你们的公众号。

公众号基本信息

1. 我们的账号名称是：＿＿＿＿＿＿

2. 我们的功能介绍是（4—120个字）：＿＿＿＿＿＿＿＿＿＿＿＿
＿＿＿＿＿＿＿＿＿＿＿＿＿＿＿＿＿＿＿＿＿＿＿＿＿＿＿＿＿＿＿＿＿＿＿＿＿＿

3. 我们选择的内容类目是：＿＿＿＿＿＿
原因是：＿＿＿＿＿＿＿＿＿＿＿＿＿＿＿＿＿＿＿＿＿＿＿＿＿＿＿＿＿＿＿＿＿＿
＿＿＿＿＿＿＿＿＿＿＿＿＿＿＿＿＿＿＿＿＿＿＿＿＿＿＿＿＿＿＿＿＿＿＿＿＿＿

---

3. 申请微信公众号

确定好公众号的基本信息后，你就可以申请一个微信公众号啦！登录微信公众平台（https://mp.weixin.qq.com），点击右上角的"立即注册"，按照步骤填写即可。你们可以通过下面的步骤了解公众号申请的方法，然后在老师或家长的帮助和监管下，使用他们已申请成功的公众号，共同完成整个项目。

第一步：登录"微信公众平台"，点击右上角"立即注册"

第二步：选择"订阅号"

第三步：按步骤填写信息

（三）创作阶段

1. 撰写微信公众号文章

公众号申请成功后，你就可以开始撰写微信公众号文章啦！和平日大家所写的作文相同，公众号文章也讲求结构完整和主题分明。但是，公众号文章还强调其价值性，即读者读完文章能获得什么：如能引发对社会某一问题的思考、能引起读者的情感共鸣或者能掌握某一技能等。此外，公众号文章除了可以用文字表达之外，还可以使用多媒体的表达方式，比如插入图片、视频、超链接等，以达到宣传的目的。

现在，请你撰写一篇公众号文章，并确保文章符合下面的要求：

（1）文章内容和公众号的主题相符。

（2）字数不少于1000字。

（3）在文章中至少使用图片、视频、超链接等1种多媒体表达方式。

为了能增加文章成为爆款的可能性，建议你读读《爆款文写作指南》[1]一书。该书对新媒体文章的选题、结构、大纲、素材、排版等进行解析，并辅以案例进行阐述，具有较强的实操性，会让你更清楚公众号文章的写作方法。

2. 版式设计及文章发布

一篇设计精良、排版优美的公众号文章，会吸引更多读者。你可以使用微信公众平台自带的编辑器，也可以使用第三方工具，如135编辑器、秀米等完成这个任务。使用微信自带编辑器的好处是方便，你排版完可直接一键发布；而使用第三方工具的好处是模板多、选择广，但经常需要额外收费。

《微信公众号平台操作与版式设计全攻略》[2]一书，将给你很多关于公众号排版的操作指导。请你仔细阅读该书籍，并完成以下任务：

---

[1] 《爆款文写作指南》，羽毛、一木、舒允著，人民邮电出版社，2020年。
[2] 《微信公众号平台操作与版式设计全攻略》，叶妙琳编著，人民邮电出版社，2021年。

（1）使用微信自带的编辑器或第三方工具，给自己的公众号文章排版。

（2）至少使用小标题、字体、字号、文字颜色、段落等3个排版元素。

（3）排版完成后，将文章发布到自己的微信公众号上。

（四）运营阶段

1. 撰写运营策划案

祝贺你！完成了第一篇微信公众号文章的发布。不过，想要运营好一个微信公众号，只靠一篇文章是不行的，需要持之以恒的努力，需要计划和设计。首先，你需要考虑发布文章的频率，让自己的公众号有稳定的曝光。其次，你需要通盘计划公众号文章的内容，如文章与文章之间的关系、文章的发布时机等。有很多公众号会拥有完善的"发布日历"，比如"南方周末"公众号，就在2024年3月24日诗人海子诞辰60周年这天，发布了文章《补叙海子：诗人之前，远方之外》。第三，你需要思考的是如何才能让更多人关注到自己的公众号。比如，在各个平台（抖音、哔哩哔哩、小红书、知乎等）活跃，宣传自己的公众号就是一个很好的办法。

请你思考自己的公众号运营计划，撰写运营策划案。

公众号运营策划案

1. 推送频率：_____

2. 发布内容：_____
_____

3. 重要发布时间节点：_____
_____

4. 推广方式：_____
_____

2.定期更新与运营

记得按照"公众号运营策划案"定期更新与运营公众号呀！完成后，请填写下表，以便团队成员都能看到运营成果，并根据实际情况调整运营策划案。

公众号运营记录表

1.发布时间：_____，文章名称：_____，负责人：_____，
阅读数量：_____，公众号关注人数：_____，是否达到预期：_____，
调整计划：_____
_____。

2.发布时间：_____，文章名称：_____，负责人：_____，
阅读数量：_____，公众号关注人数：_____，是否达到预期：_____，
调整计划：_____
_____。

3.发布时间：_____，文章名称：_____，负责人：_____，
阅读数量：_____，公众号关注人数：_____，是否达到预期：_____，
调整计划：_____
_____。

五、项目反思与总结

到此，咱们的项目已接近尾声，恭喜你克服困难，完成了从公众号"读者"到"作者"的转变！仔细回顾一下这个过程，你觉得做"读者"与做"作者"有哪些不同呢？你更喜欢哪种身份？仔细思考一下，也许会让你有更多成长和收获！

（一）对本项目进行反思与总结

通过参与《微信公众号创意推文》项目：

我发现做"读者"的特点是：_____
_____

我发现做"作者"的特点是：_____
_____

我更喜欢做：_____ 因为：_____
_____
_____

在本项目中我取得的最有价值的收获是：_____
_____
_____

我还想说：_____
_____

（二）写在最后

再次祝贺你，顺利完成了本项目的所有内容。微信公众号是一个非常好的展示自我、传播内容的形式，除了可以发送公众号文章以外，还有更多形式你可以尝试，比如 HTML5 等。希望你多多尝试，不断丰富你的信息记录、表达方式。

校园文创产品设计

一、项目简介

说起"流行文化"你肯定不陌生，衣食住行各个领域都能看见它的身影。流行文化的一个最主要特征就是众人追随。换句话说，某一事物或现象要想成为流行文化中的一种，其基础条件就是大众对该事物或现象有共同的认识，而大众媒体就是这种共同认识的催化剂。大众媒体通过舆论造势等方法，造就了人们对流行文化的共识。因此，可以说，大众媒体是流行文化的缔造者和推动者。

例如，作为2022年北京冬季奥运会的吉祥物，"冰墩墩"于2019年9月首次亮相，之后很快上市。但那时，"冰墩墩"这个形象还没有走红，很多人对其并不在意，甚至有些人连包装都没拆，就把吉祥物放在了旧纸箱中。随着北京冬奥会开幕，"冰墩墩"开始走进人们的视野。大众媒体不断传播使"冰墩墩"火爆出圈，而"冰墩墩"吉祥物也变得"一墩难求"，广大网友要求"一户一墩"的行为从侧面印证了该形象的流行。

其实，如果你仔细分析，就能看出在"冰墩墩"爆红的背后，大众媒体功不可没。国内外媒体持续地推介、渲染，通过转载、报道各国民众、媒体记者、运动员们对"冰墩墩"的喜爱，在潜移默化中营造出了一个中国符号备受海内外推崇的"社会景观"，这在无形之中推高了受众的期待；而在文化自信、文化归属等心理的作用下，国内民众对"冰墩墩"的认同感也与日俱增。

CCTV中文国际频道对"冰墩墩"的报道

如果你理解了流行文化与大众媒体的关系，那么，一方面，以后你在看待流行文化时就会变得更加理性；另一方面，你可以运用这一新闻传播学理论，打造属于自己的文化产品，并努力使之成为流行文化的一部分。

本项目将带你以"校园"为题，设计一款文创产品，并指导你通过各种传播渠道进行宣传，尽可能地让该款产品成为"顶流"。

你准备好了吗？让我们开始吧！

二、学习建议

- ◆ **适用学段**：设计、制作校园文创产品并不容易，但如何宣传、推广该产品，使其流行起来则更难。为此，本项目适合初中及以上学段的学生参与，因为他们有更好的媒介使用技能，且对"流行文化"有更深的理解。
- ◆ **组织方式**：本项目可单人完成，也可小组合作完成，建议小组人数控制在3人以内。
- ◆ **建议实施时长**：本项目可以采取课堂内外结合的方式开展。课内发布任务，设计、制作文创产品；课外进行调研活动，宣传并"售卖"成品。项目总周期控制在1—2学期为宜。

这个项目将帮助你收获以下知识和技能：

- ◆ 重新认识学校。
- ◆ 理解流行文化。
- ◆ 学会问卷调查及数据分析。

同时，你们还将锻炼并增强以下技能：

- ◆ 观察能力。
- ◆ 创意与创新能力。
- ◆ 营销能力。

◆ 媒介使用能力。

三、项目任务清单

完成本项目需要经历五个环节。为了让大家更快地了解项目全貌，有序推进项目工作，这里提供了"项目任务清单"。请大家在项目实施过程中有意识地利用好该清单，以便更好地完成所有项目任务。

项目任务清单

阶段名称	主要项目事项	计划完成时间	实际完成时间	参考文献及书籍
项目启动	团队组建及分工			
	了解项目流程，做好项目时间规划，填写项目任务清单			
确定文创产品的样态、主题	观察、了解学校，选定文创产品的主题			
	进行问卷调查，确定文创产品的形式			
设计、制作校园文创产品	设计产品			
	制作产品			
宣传、销售校园文创产品	宣传产品			
	销售产品			
项目反思与回顾	完成项目反思与总结			

为准确预估每个环节所需的时间，建议你先读完后面的项目内容、完成要求等，并配合阅读相应的参考书，这样可以帮助你更好地进行项目规划。

四、项目内容

（一）团队组建

　　本项目可以独立完成，也可组建团队共同完成，建议团队人数不超过3位。如果你打算和小伙伴组队完成本项目，请注意，选择一个领导力强的组长，并给成员合理分工，将有助于你们顺利完成项目任务。不管选择哪种完成方式，请你决定后认真填写下表：

> 1. 我选择_____完成本项目。
> A. 独自　　　B. 与同学朋友一起　　　C. 其他，_____
> 2. 我这么选择的原因是：_____。
> 3. （若团队完成，请填写）我们团队的名称是_____，共有___人，分别是：_____，我们推选_____作为组长。

（二）确定产品的样态和主题

　　1. 了解、观察学校，选定想表达的内容

　　既然是"校园文创产品"，那么肯定少不了学校的元素，尤其是那些独特的，让人一看就能和某个学校联系起来的代表元素。比如，一说起北京大学，大家最先想到的就是未名湖、博雅塔；提起清华大学，首先映入大家脑海的就是二校门、荷塘月色。其实呀，可以代表学校形象的不仅有建筑这样的硬元素，一些软元素比如校徽、校歌、校服、校训、知名教师、知名校友、学校历史传承等，都是很好的内容，可以设计到产品中去。

　　为了能让你创作的校园文创产品有特色，你首先需要认真、全面地了解学校情况，并从中选择几个代表元素，作为自己创作的内容。具体来说，你可以怎么做呢？以下是给你的几个建议，除此之外，你还可以大开脑洞，想出更多的解决办法！

（1）**参观校史馆**。如果你的学校有校史馆，你可以利用好其中的资源，了解学校的历史和各个发展阶段，从中挑选合适的元素。比如，北京有所著名的中学叫做北京四中，这所学校始建于1907年，初名为"顺天中学堂"。学校的老校门非常有特点，经常出现在各种校史展中。同学们可以将这个元素抽象出来，设计在文创产品中。

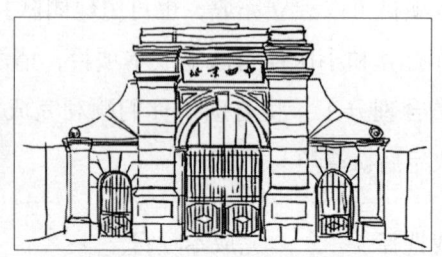

（2）**采访教师、校友**。你可以采访几位在学校工作多年的老教师或者曾经在学校就读的老校友，让他们谈谈自己对学校印象最深的事物。

（3）**实地观察**。学校的一草一木、四季更迭，你都注意过吗？花些时间，把学校所有的教学楼，校园中的每个角落都探访一遍，没准你会有新的发现呢。

不论你采取哪种方法，请你至少选择四个想表达的元素，并将其记录在下表中，作为校园文创产品的内容。记录方式可以是手绘、拍照或者其他形式。

我选定的校园元素

元素名称：_____	元素名称：_____	元素名称：_____
元素名称：_____	元素名称：_____	元素名称：_____

2.进行问卷调查,确定产品样态

校园文创产品的样态很多,书包、羽绒服、T恤衫、明信片、书签、校服熊、钥匙扣……你可以想到的任何产品,都可以开发成为校园文创产品。不过,既然是"产品",很重要的一点就是受到"用户"喜爱——用户愿意购买它、使用它,这样的校园文创产品才能发挥出自己的价值,最大程度地传播学校形象。

那你要如何了解"用户"的喜好,以此来确定产品形式呢?进行问卷调查是个快速且有效的方法。你可以选择全校所有学生,或者从中挑选部分学生作为调查对象,向他们发放问卷。待他们填写好问卷之后,进行回收,并分析、处理数据,就可以从中看出大家的倾向,确定最终的产品样态。

通常来讲,问卷调查的问题包括两大部分,人口统计学特征和调查的基本问题。人口统计学特征方面的问题诸如询问性别、年龄、年级等,你可以看到男生、女生以及不同年级的学生对产品样态是否存在不同态度。调查的基本问题是指关于某个议题,你想问的具体问题,比如在"校园文创产品"的调查问卷中,你可以问:

(1)(单选)哪一类别的文创产品会受到你的青睐?
A.服饰类(衣服、帆布包等)　　B.文具类(本子、纸胶带、书签等)
C.玩偶类(毛绒玩具、手办、模型等)　　D.生活用品类(收纳盒、钥匙扣等)
(2)(单选)你能接受的文创产品价位是:
A.20元及以下　　B.21—50元　　C.51—100元　　D.100元以上

请你按照上述思路,设计一份问卷,并将它发放给同学,具体要求包括:
(1)问卷包含的问题不少于5道。
(2)发放数量不少于20人,且至少回收有效问卷15份。
(3)分析问卷,得出结论,并如实填写下表:

校园文创产品问卷调查情况

1.我设计的调查问卷是：

_____

_____

_____

2.我发放了____份调查问卷，回收了____份调查问卷，其中有效问卷____份，占发放问卷总数的____。

3.通过分析问卷，我发现，_____是大家最喜欢的校园文创产品形式。

4.根据调查结果，我将制作_____产品。

（三）设计、制作校园文创产品

1.设计校园文创产品

确定了产品样态和想表达的校园元素，接下来，咱们就要设计具体的校园文创产品了。比如，你想设计的产品样态是明信片，那就需要思考明信片的尺寸、纸张的类型、厚度以及正反面的内容。又或者，你想设计的产品样态是T恤衫，那就需要考虑T恤衫的尺码、底色、材质、元素在T恤衫上的位置、大小等。你可以在互联网上搜索"校园文创产品"等关键词，参考一下其他学生或设计师设计的文创产品示例，并从中汲取灵感。

我设计的校园文创产品

产品信息：

（1）产品名称：_____

（2）产品参数：_____

_____

2.制作校园文创产品

完成校园文创产品的设计后，我们就进入"制作"环节了。你可以采取纯手工的制作方式，比如买来纯色的T恤衫，亲手用颜料在上面绘制图案；买来克数高的铜版纸，在上面剪不同形状的书签等，这都属于纯手工制作。纯手工制作的好处是更具匠心、更有灵活性，且每个作品都是独一无二的，但它的缺点是在短期内难以大批量复制。当然，你也可以考虑找工厂加工，网络上有很多小店提供来图定制的服务，你可以把设计图和要求告诉店主，店主就会帮你把成品做好。找工厂加工的好处是可以让产品标准化，且短期就能生产出大量的产品；缺点是你需要垫付不少加工费用，如果最终产品销售不出去，你就会赔本。如果你决定找工厂加工，建议不要一下子就制作大量的产品，可以先让店主制作几件样品，在老师许可的情况下，先在同学间售卖一下，看看市场反馈。如果反馈不错，就再增加定制数量。

（四）宣传、销售校园文创产品

产品制作好以后，很重要的一件事就是把它宣传和销售出去。在本项目的开篇，我们介绍了流行文化与大众媒体的关系。如果你想自己的产品成为"顶流"，你就要努力运用好"大众媒体"的力量，增加该产品的曝光，让更多人知晓并喜欢这个产品。

如果说在推广的前期，借助报纸、杂志、电视等传统媒体介绍你制作的校园文创产品不现实，那么，你可以利用好"新媒体"，如社群（微信群、QQ群）、公众号等。你可以在这些新媒体上发布校园文创产品信息，让更多同学、校友能够看到该产品。比如，你可以写篇公众号软文，发到学校官方公众号上；给文创产品拍个开箱短视频，发到班级微信群等，都是很好的宣传方法。除了线上推广以外，你还可以利用好一切的线下宣传机会。比如在"校庆""校园开放日""毕业典礼"等活动上打个广告、摆个摊位等,也都是很好的宣传形式。

总之,请你设计一份校园文创产品的推广、销售策略方案,具体要求是:

(1)至少通过两种方式推广、销售校园文创产品。

(2)在10天内,至少销售5份校园文创产品。

(3)记录推广、销售的具体情况,并定期了解用户的意见,作为日后修改产品的依据。

校园文创产品推广、销售记录表

1.我打算通过_____方式,推广、销售校园文创产品;

2.自__月__日至__月__日,我已经销售了____份校园文创产品,分别是:

产品名称:_____,数量:____,成交金额:_____,销售对象:_____

产品名称:_____,数量:____,成交金额:_____,销售对象:_____

产品名称:_____,数量:____,成交金额:_____,销售对象:_____

产品名称:_____,数量:____,成交金额:_____,销售对象:_____

产品名称:_____,数量:____,成交金额:_____,销售对象:_____

产品名称:_____,数量:____,成交金额:_____,销售对象:_____

3.收到产品后,对方对我设计的产品反馈是:

拓展:超级IP

祝贺你!你成功体验了校园文创产品的创作流程并努力将其打造为"流行文化"。如果你对这件事感兴趣,想把校园文创产品做大做强,建议你学习一种全新的思维方式,叫做IP思维。什么是IP呢? IP是Intellectual Property的缩写,翻译成中文就是"跨媒介创意及内容营销"。光看名词你可能觉得有些深奥,举两个例子吧:把漫画改编成系列电影是IP;把网络小说改编成电视剧也是IP。全球最成功的超级IP之一,就有大家非常熟悉的迪士尼的米奇。这个于

1928年诞生，由华特·迪士尼创作的卡通动漫形象，虽然至今已有90余年的历史，依旧魅力不减。据1935年《美国出口商》杂志介绍，当时"生产带有米老鼠或是迪士尼其他动画角色形象的商品的注册生产商，除了美国的80家之外，还有15家在加拿大，40家在英国，80家在欧洲内陆，15家在澳大利亚"，"英国人正在生产一种米老鼠果酱。其他米老鼠相关产品还包括餐具、肥皂、扑克牌、糖果、桥牌、腕表、牙刷、短袜、鞋子、吊袜带、拖鞋、雨伞、暖水壶、灯具和床单"。以上的文字，还只是1935年的状况。到了2015财年，迪士尼收入折合人民币为3457.6亿元，远超BAT（即百度、阿里巴巴、腾讯）三家收入总和的2500亿元。截至2023年9月30日的完整财务年度，迪士尼的营收更是创下历史纪录，为888.98亿美元，折算成人民币约为6347.23亿元，这些数字是不是非常惊人呀？

"故宫"是国内非常知名的IP。故宫本身只是明清两代的宫殿建筑，但IP设计者们很好地利用了它作为中国古代历史文明缩影的概念，创作了很多文创产品、新媒体资源（如大电影《我在故宫修文物》）等，让故宫的存在感越来越强、越来越接地气，吸引了无数人的关注。

同样的，学校本身也是一个非常好的IP概念，如何使用好它，就要看你的聪明才智啦！如果你想学习更多关于超级IP的知识和案例，推荐你阅读《超级IP：互联网时代的跨界营销》[①]这本书。

五、项目反思与总结

到此，咱们的项目已接近尾声，别着急结束，好的反思与总结能够帮助我们发现问题、解决疑惑、获得成长。下面，就请你认真回顾自己参与整个项目的过程，并及时总结自己的感受、发现及收获吧！

[①]《超级IP：互联网时代的跨界营销》，高德著，现代出版社，2016年。

（一）对本项目进行反思与总结

通过参与《校园文创产品设计项目》：

让我了解到所谓的"流行"是：_____

IP 思维是：_____

通过理论学习和实战，我认为可以这样打造流行文化：_____

_____

_____

在本项目中我最有价值的收获是：_____

_____

_____

我还想说：_____

_____

_____

_____

（二）写在最后

再次祝贺你，顺利完成了本项目的所有内容。其实呀，除了校园文创产品之外，你还可以设计其他产品，并借助媒体的力量使其流行。另外，在这个泛 IP 化的时代，万物皆可 IP，重要的是你有没有 IP 意识和 IP 思维。如果有，那么你所在的社区、城市，你创作的卡通形象，你养的宠物，甚至是你自己本身，都可以成为 IP。期待你发挥自己的才能，挖掘它们，创作更好的作品！

100本书目一览表

类别	编号	方向	书籍名称	简介	延伸阅读
学科综论	1	理论	《传播学原来很有趣：16位大师的精华课》	强调趣味性的传播学原理入门书，介绍了16位传播学大师及其理论。	《传播学概论》
	2	理论	《初识传播学》	强调传播学理论体系的专业入门书，共介绍了32种传播学理论，可作为《传播学原来很有趣》的进阶读物。	
	3	理论	《大众传播概论：媒介素养与文化》（第8版）	按照"图书""报纸""杂志""电影""无线广播、录音制品与流行音乐""电视、有线电视、移动视频""视频游戏""互联网与万维网""广告"等分类方式论述传播规律的理论著作。	《传播学概论》
	4	史论	《认识媒体》（插图第2版）	以图文并茂的方式介绍了自1456年古登堡发明印刷机至2006年甘乃特收购《佛州观点与佛罗里达火炬报》，共550年西方主要国家的传媒史。	
	5	历史	《传播学史：一种传记式的方法》	以人物传记形式对传播学从无到有的早期发展历程进行梳理总结。	《创新的扩散》
	6	历史	《美国传媒史》	从国别角度，对美国的传媒发展情况进行专题记述。	《一天给我一桩谋杀案：英国大众传播史》《从狄德罗到因特网：法国传媒史》《日本大众传媒史》（增补版）

(续表)

类别	编号	方向	书籍名称	简介	延伸阅读
学科综论	7	历史	《当代中国传媒史1978—2010》	我国改革开放以后至2010年的传媒发展演变情况。	《中国新闻传播史》
	8	从业者	《史蒂夫·乔布斯传》（典藏版）	苹果公司的缔造者，一举改变6大传媒产业，其人生经历的启示。	《失控：全人类的最终命运和结局》
	9	从业者	《张一鸣：平常人也能做非常事》	中国新锐互联网企业"字节跳动"的创始人的创业故事。	《字节跳动：从0到1的秘密》
	10	理论—反思	《数字化生存》（20周年纪念版）	反思互联网对人类社会发展的深层意义，预测互联网发展趋势的"未来之书"。	《未来简史：从智人到智神》
	11	理论	《传播学概论》	主要阅读第二章《传播》和第八章《传播媒介》，帮助读者认识不同信息载体、媒介形式的特点，选取合适的媒介形式制作媒介产品。	《传播的偏向》《帝国与传播》《理解媒介：论人的延伸》
符号	12	理论	《皮尔斯：论符号 李斯卡：皮尔斯符号学导论》	皮尔斯是符号学最主要的创始人，这本书是国内第一本系统介绍皮尔斯符号学观点的著作。	
	13	理论	《趣味符号学》	国内符号学大师赵毅衡用100组小故事，深入浅出地介绍了符号及其特点。	《符号学原理与推演》（修订本）
	14	理论	《符号密语》	作者介绍了500个典型符号，启发读者思考符号的来源和意义。	《符号与象征》《零 ZEЯRO：世界符号大全》
	15	理论	《表情包密码：笑脸、爱心和点赞如何改变沟通方式》	作者开创了表情包的研究，本书介绍了表情包的诞生、发展和未来走向。	
	16	理论	《占领世界的表情包：一种风靡全球的新型社交方式》	作者进行了深入的田野调查，从符号学的角度解析表情符号及其对个人的重要意义。	

（续表）

类别	编号	方向	书籍名称	简介	延伸阅读
符号	17	实务	《QQ+微信创意表情包设计》	作者通过大量案例，介绍如何用PS和AI制作表情包。	
	18	理论—应用	《给孩子的汉字王国》	作者精心挑选200多个汉字，介绍汉字的演变历史，回答"汉字为什么长这样"的问题。	《我们的文字》《传奇女书——花蹊君子女九簪》《汉字树》
	19	理论—应用	《伟大的字母：从A到Z，字母表的辉煌历史》	依次介绍了26个英文字母，包括它们的起源、发展和在现代的应用。	《改变世界的26个字母》
报刊媒体	20	历史	《中国新闻传播史》（第3版）	作者方汉奇是中国新闻传播界泰斗，此书具有权威性，所在丛书具有全面性，重点介绍了我国古代及改革开放之前的传媒发展情况。	《21世纪新闻传播学系列教材》
	21	理论	《当代报纸编辑学》（第2版）	报纸编辑学本科入门教材。	《报纸编辑学教程》《西方报纸编辑学》
	22	实务	《从菜鸟到专业：萌新记者成长手册》	一名资深新闻记者给新手提供的全方位指导。	
	23	实务	《通讯员新闻采写一本通》（第2版）	立足当前媒介生态的"全民记者时代的新闻素养读本"。	《校园新闻实战手册》
	24	实务	《好新闻的样子：中国新闻奖作品赏析》	分析了57篇中国新闻奖获奖作品，探寻好新闻的共同特点。	《新闻与正义：普利策新闻奖作品集》
	25	从业者	《总编辑手记》	我国著名新闻工作者范敬宜于1993—1997年担任人民日报总编辑时撰写的"值班手记"精选集。	《范敬宜文集（新闻作品选）》
	26	历史	《中国期刊史》（全5卷）	本书介绍自1815年，世界上第一本中文期刊《察世俗每月统计传》问世至今的中国期刊史。	

(续表)

类别	编号	方向	书籍名称	简介	延伸阅读
报刊媒体	27	实务	《提问》	总结杨澜职业生涯30年的提问经验，介绍提问前的准备、提问的技巧和9种提问模式。	《一问一世界》
报刊媒体	28	实务	《人民日报记者说：典型人物采访与写作》	该书从采访、写作、编辑三个角度，介绍人物稿件如何写。	《人民日报记者说：好稿怎样开头结尾》《人民日报记者说：好稿是怎样"修炼"成的》
报刊媒体	29	实务	《南方周末写作课》	七位"主笔"介绍《南方周末》特稿写作技巧。	
报刊媒体	30	实务	《〈华尔街日报〉是如何讲故事的》	《华尔街日报》是全球极具影响力的报纸，该书介绍了《华尔街日报》头版记者撰写稿件的原则和方法。	
报刊媒体	31	实务	《版式设计就这么简单》（第2版）	适合新手学习，用简单活泼的语言，丰富的示例，介绍版式设计基本原理。	
报刊媒体	32	从业者	《对话美国顶尖杂志总编》	作者对话了20余位美国顶尖杂志的总编，分析了这些杂志的编辑方针、经营理念、运营方法，对我国杂志的创办与成长具有启发意义。	
报刊媒体	33	从业者	《不分东西》	一本教你思考何谓真相，何谓偏见的书。	《行走中的玫瑰》《无"微"不至》《我所理解的世界》
报刊媒体	34	从业者	《红星照耀中国》（青少版）	本书从一位西方记者的视角，记录了1936年在中国西北革命根据地的所见所闻所感。	
书籍	35	理论	《书的故事》	帮助读者初步建立对书籍发展历史的兴趣。	

（续表）

类别	编号	方向	书籍名称	简介	延伸阅读
书籍	36	历史	《书籍的历史》	帮助读者从宏观层面和微观层面全面理解印刷书的发展与社会之间的相互作用关系，但是阅读难度大，读者可以根据能力选择。	《阅读的未来》
	37	历史	《大英图书馆书籍史话：超越文本的书》	启示读者纸质书籍除了文本之外其本身就是一种艺术品，具备电子阅读无法代替的价值。	《中国古代图书史》
	38	历史	《图书馆的故事》	让读者对图书馆的历史有一个入门的理解，但是深度不够，如果对图书管理感兴趣，可以深入阅读其他相关方向的书籍。	
	39	历史	《阅读史》	让读者重新体会阅读的温度和意义，燃起对阅读的热爱。	
	40	实务	《书形：138种创意书籍和印刷纸品设计》	读者像是畅游于纸质印刷品创意展览中，经历一场绝美的体验，重新刷新读者对于书籍设计的认知。	《中国书籍装帧4000年艺术史》
	41	实务	《编辑力：从创意、策划到人际关系》（经典版）	帮助读者理解编辑工作的内容以及如何做好一个编辑，初步建立对编辑行业的认知。	《老猫学出版》
	42	实务	《书籍装帧创意与设计》	书籍装帧设计原理及技术简介。	《变革时代的数字出版》
	43	从业者	《编辑人的世界》	美国38名顶尖编辑从不同角度娓娓道来给出做好编辑工作的建议，趣味性强，适合新手阅读了解如何从事编辑工作。	《做书：感悟和理念》
手机	44	理论	《手机媒体概论》（第2版）	国内第一部系统研究手机媒体的大学教材。	《手机：挡不住的呼唤》
	45	历史	《手机简史》	从手机设计、生产企业的商业视角，回顾分析1948—2018的手机发展历程。	《电竞简史》《互联网简史》《手机改变未来》

(续表)

类别	编号	方向	书籍名称	简介	延伸阅读
手机	46	理论	《习以为常：手机传播的社会嵌入》	从社会学视角认识手机融入社会的过程。	《新新媒介》（第2版）
手机	47	理论	《劫持：手机、电脑、游戏和社交媒体如何改变我们的大脑、行为与进化》	从心理学视角审视手机对人的影响。	《如何在数字时代养育孩子》
手机	48	实务	《孩子与屏幕：教你引导孩子用好手机和电脑，和iPad时代的Ta一起健康成长》	从实操角度为父母、孩子提供科学使用手机的指导。	《屏幕上的聪明决策》
电影	49	历史	《世界电影史》（第2版）	适合初学者入门的世界电影史教材。作者介绍了自1895年电影诞生到2010年的电影发展情况。	《世界电影史》
电影	50	历史	《闪回：电影简史》（插图第6版）	主要记叙了自1890年到21世纪，100多年来美国电影的发展情况，尤其是犀利评价了电影与社会的关系。	《中国电影文化史》
电影	51	历史	《中国电影通史》（全2册）	到目前为止，中国最系统、权威的电影通史，介绍了自1896年至2010年代，中国电影的发展情况。	
电影	52	理论	《认识电影》（修订第14版）	经典的电影入门书，作者深入浅出地介绍了影视传播的手法，并逐项解析其复杂的语言系统与要素。	
电影	53	理论	《改编的艺术：从文学到电影》	探讨文学与电影之间的关系，介绍小说、戏剧、非小说文学、动画片等应如何改编为电影。	

(续表)

类别	编号	方向	书籍名称	简介	延伸阅读
电影	54	实务	《微电影剧本创作实录与教程》	通过1部完整的原创剧本——《成都故事》和28个剧本片段作为示例,帮助读者理解微电影剧本创作的原则与策略。	
	55	实务	《微电影制作人手册》(全2册)	作者指导过数千位电影人拍摄电影,本书将全方位地告诉你拍摄电影的流程,并帮助你准备一个良好的心态开拍自己的电影。	
	56	实务	《演员自我修养》	著名的戏剧理论著作,介绍了世界三大表演体系之一——斯坦尼斯拉夫斯基体系的精华。	《演技六讲》
	57	理论	《镜头的语法》(插图修订第2版)	讲解视觉语言的基础知识,是本速查手册。150余幅精美的插图生动直观地介绍了镜头领域的专有名词。	《剪辑的语法》《电影语言的语法》
	58	实务	《音效圣经:好莱坞音效创作及录制技巧》(插图修订版)	向读者介绍了音效设计、录制到后期制作各个环节以及音效的制作方法。	
	59	实务	《剪映视频剪辑从小白到大师:电脑版》	文字+扫二维码看视频的方式,系统介绍剪映68个视频剪辑技巧。	《视频剪辑网络课程》
	60	实务	《短视频:策划、制作与运营》	一站式学习短视频相关技能的书。	
	61	从业者	《十年一觉电影梦:李安传》	讲述著名华人导演李安电影生涯中第一个十年的追梦历程。	《张艺谋的作业》《贾想:贾樟柯电影手记》《导演的诞生:我的第一部电影》
	62	从业者	《感动,如此创造》	久石让的自传,是一本总结其个人音乐理念的想法簿。	《宫崎骏遇上久石让:电影原声精选集》

145

(续表)

类别	编号	方向	书籍名称	简介	延伸阅读
广告	63	理论	《广告概论》	简明广告原理入门。	《广告学概论》《广告学原理》（第2版）《广告学》(第11版)
	64	理论	《公益广告概论》	目前能找到的唯一一本公益广告专题教材。	中国公益广告网（www.pad.gov.cn）
	65	历史	《中外广告史》（第2版）	广告从古代到近代，在中国以及英、法、德、美、日的发展历程。	《中外广告简史》《中外广告史》《中外广告史新编》
	66	实务	《广告：创意与文案》（第11版）	主要叙述了设计、制作广告的具体过程及步骤。	
	67	实务	《文案发烧》	本书作者路克·苏立文是著名的广告文案作者，当今一流广告公司的顶尖创意人，曾获得过20次有广告界奥斯卡之称的"One Show奖"，本书是他的广告文案创作心得。	《顶尖文案：188种走心广告句式》
	68	实务	《广告设计：从入门到精通》	广告视觉、听觉设计指南。	《现代广告设计的理论与思维》《平面广告设计手册》
	69	实务	《世界广告经典案例——经典广告作品评析》（第2版）	对12个行业，50多个品牌，共100多个获奖广告作品的分析和点评。从实践到理论的逆向学习方法。	《现代广告经典案例评析》《30支经典广告案例》
	70	从业者	《奥格威谈广告》	现代广告业的大师级传奇人物大卫·奥格威的经验分享。	《一个广告人的自白》
动漫	71	历史	《世界动画史》	编年体形式呈现的世界动画史，记录了自1872年至2010年动画的发展情况。	
	72	历史	《中国动画史》	介绍自1920年代至今，中国动画的发展情况。	

（续表）

类别	编号	方向	书籍名称	简介	延伸阅读
动漫	73	实务	《制作进行：一本书让你彻底了解动画制作》	以"制作进行（监制）"的视角了解动画制作流程。	
	74	实务	《动态叙事：学会用动图、动画思维讲故事》（第2版）	帮助普通读者掌握用动画讲故事的能力。	
	75	实务	《动画大师课：分镜头脚本设计》	系统学习动画的分镜头知识。	
	76	实务	《创意定格动画实验室》	一本入门级的介绍定格动画制作方法的书籍。	
	77	实务	《美国漫画绘制教程》	一本帮漫画初学者掌握漫画绘制基本技法的书。	《飞乐鸟的手绘时光系列》
	78	实务	《让手账变可爱：超实用手绘字体教程》	介绍64种手绘字体设计方案。	
	79	从业者	《一生的旅程》	迪士尼CEO罗伯特·艾格45年媒体从业经历。	《奥格威谈广告》
社交媒体	80	历史	《社交媒体简史：从莎草纸到互联网》	作者以"莎草纸—小册子—诗歌手稿—咖啡馆—报纸—广播—电视—互联网"这一脉络为线索，向读者呈现了历史上不同时期和地点产生的形形色色的社交媒体。	
	81	理论	《社交媒体：原理与应用》	美国社交媒体领域实证研究的文献综述。	
	82	实务	《零基础学微信全程图解手册》	专为微信初学者编写的微信使用指南，可启发学生思考新型跨平台信息传播媒介的现状与前景。	

(续表)

类别	编号	方向	书籍名称	简介	延伸阅读
社交媒体	83	实务	《腾讯传：1998—2016：中国互联网公司进化论》	中国互联网领军企业——腾讯公司从无到有的发展历程介绍。	《Google：未来之镜》《字节跳动：从0到1的秘密》
	84	实务	《Facebook效应》	互联网新时代开创者Facebook公司的企业传记。	《产品思维：从新手到资深产品人》《从点子到产品：产品经理的价值观与方法论》
	85	实务	《被看见的力量：快手是什么》	我国重要的短视频代表。	《直播时代：快手是什么II》《9小时学会做抖音》
	86	实务	《字节跳动：从0到1的秘密》	我国新锐互联网企业代表。	《抖音崛起：让字节跳动的王牌产品成长史》《小红书为什么红：小红书爆红背后的秘诀及内容运营策略》《拼多多拼什么：商业模式+店铺运营+爆品打造》《张一鸣：平常人也能做非常事》
	87	实务	《爆款文写作指南》	介绍新媒体尤其是公众号推文的写作方法，启发读者思考写作的意义。	
	88	实务	《微信公众号平台操作与版式设计全攻略》	阅读此书，读者可以快速掌握公众号后台操作和推文排版方法，并在短时间内制作出高质量的公众号推文作品。	

(续表)

类别	编号	方向	书籍名称	简介	延伸阅读
流行文化	89	历史	《中国流行文化30年（1978—2008）》	作者用编年体的方式介绍改革开放30年来，中国流行文化的发展演变情况。	
	90	理论	《引爆流行：如何在注意力经济时代成为流行制造者》	揭秘流行文化产品之所以流行的原因。	
	91	实务	《不懂流行文化就不要谈创新》	本书解读了流行文化与企业、产品之间的关系，它最大的创新在于提出"首席文化官"这个概念。	
	92	实务	《极速传染》	本书从积极的视角解读大众媒介及其生产的流行文化，介绍了让产品受欢迎的四种产品制作思维。	《娱乐至死》
	93	实务	《超级IP：互联网时代的跨界营销》	本书系统介绍了IP的概念以及超级IP的打造方法。	《改编的艺术》
智能传播	94	理论	《智能传播：机遇与挑战》	上海交通大学媒体与传播学院与国际传播学会2018年共同主办的"第五届新媒体国际论坛"的优秀论文选。	《智能传播：机遇与挑战》（第2辑）
	95	理论	《智能传播：理论、应用与治理》	清华大学新闻与传播学院常务副院长陈昌凤教授主编的有关智能传播的体系性论文集。	
	96	历史	《人工智能简史》（第2版）	通俗易懂的人工智能发展简史。	
	97	实务	《人工智能基础：高中版》	我国第一本针对高中生的人工智能基础教材，简要介绍了图像识别、语音识别、智能分类、语义理解、人机对战等人工智能技术的原理。	《数学之美》（第2版）

（续表）

类别	编号	方向	书籍名称	简介	延伸阅读
智能传播	98	实务	《内容算法：把内容变成价值的效率系统》	帮助读者了解能够识人断物的智能算法究竟是怎么回事。	《短视频内容算法》
	99	实务	《今日头条全攻略：后台操作+内容创作+指数提升+广告变现+营销运营》	以"今日头条"号为例，从账号注册步骤，到内容创作技巧，再到广告变现逻辑，直至营销运营策略，全流程、手把手地向我们展示智能平台操作方法。	《抖音短视频运营全攻略：内容创作+特效拍摄+后期制作+吸粉引流+流量变现》《B站视频创作、营销与运营全攻略：内容策划+拍摄剪辑+引流粉丝+商业变现》《微信公众号后台操作与运营全攻略》
	100	理论—反思	《算法霸权》	通过丰富翔实的案例及通俗易懂的语言，为读者揭露了"数学杀伤性武器"对个人生活以及社会未来的深刻影响。帮助人们认识算法的潜在风险，引发人们对技术发展深层影响的反思。	《被算法操控的生活》

书目导赏

学科综论

1.《传播学原来很有趣：16位大师的精华课》

作者：梁萍
出版社：清华大学出版社
出版时间：2021年9月

尽管传播活动是每个人自呱呱坠地起就每天都要经历的，但传播学作为一个学科至少是到大学以后才会接触的，特别是传播学直到20世纪80年代才引入我国，它作为一个专业领域在我国发展的历史还很短，因此针对青少年的普及读物十分匮乏。清华大学出版社2021年9月出版的《传播学原来很有趣：16位大师的精华课》一书，填补了这一空白。作为一本传播学入门书，该书主要立足于理论介绍的宽度和广度，而在理论深度上进行了取舍，因此非常适合对传播学感兴趣的初学者，快速了解传播学的主要议题及已有成果，从而对传播学的大致脉络、整体架构，有一个初步但较为完整的认识。

除了内容架构及深浅程度与本书的目标完美契合外，这本书的写法也极具创意。作者以新闻传播学大一新生通过智能穿戴设备，在智能交互式课堂中，聆听传播学大师现场讲座的方式展开，不仅将一个个经典理论转变为故事娓娓道来，而且时常用我们都很熟悉的现象作例证，运用理论进行分析，从而帮助读者建立理论与现实之间的联系，如《过度沉迷手机的"潜在效果"》《刷微博的乐趣在哪里》《IP剧是如何火起来的》……光看这些标题，你是不是就已经兴趣盎然，想赶紧阅读全文了？

2.《初识传播学》

作者：[美]埃姆·格里芬
译者：展江
出版社：北京联合出版公司
出版时间：2016年6月

这本书非常适合作为《传播学原来很有趣：16位大师的精华课》的进阶读物。如果你读完《传播学原来很有趣：16位大师的精华课》意犹未尽，那可以再接着阅读这本书，一方面扩展你对传播学经典理论的了解，另一方面你也可以借助作者对"理论是什么""理论的分类"等内容的介绍，建立起自己对五花八门传播学理论的整体认识。

虽然阅读这本书的难度不小，但作者为了增强可读性和趣味性做了很多努力，如精心选取了大量能反映每个理论重点的卡通漫画，这些让人忍俊不禁、充满智慧的图画，无疑为读者克服阅读障碍、准确理解理论内涵提供了帮助。此外，作者几乎在每种理论之后，都提供了相对应的"核心案例"，即用生活中的场景，帮助读者理解理论内涵。部分章节还推荐了帮助理解理论内涵的"主题电影"，如表现了"社会信息加工理论"的影片《电子情书》，表现了"关系辩证法"的影片《我爱贝克汉姆》等。如果你阅读正文时确实感到困难，那不妨先看看每章最后的"核心案例"及"主题电影"。即使你看了这些案例、电影后，依然无法读懂介绍理论的内容，但你至少知道了生活中这些现象原来是与传播学有关的。此外，如果你能从这些案例、电影出发，细心留意生活中类似的现象或影视作品，并想到它们原来都蕴含着传播学原理，那就更好了。这种运用画面帮助自己思考，努力将理论与生活实际相结合的方法非常值得读者借鉴，如果你能在其他领域的学习中也这么做，相信你一定会事半功倍。

这本书还有内容丰富的配套网站 www.afirstlook.com，不仅收录了更为详尽、完整的资料，还专门提供了18位书中提及学者的"对话"视频和影片片段等。

唯一的挑战是网站内容都是英文的，这也激励我们学好英语，如果你能熟练运用英语，无疑会多一把打开世界大门的钥匙。

3.《大众传播概论：媒介素养与文化》（第8版）

作者：[美]斯坦利·J.巴兰

译者：何朝阳

出版社：中国人民大学出版社

出版时间：2016年5月

作者巴兰始终强调大众传播的实践性，因此这本书按照不同媒介出现的顺序组织内容，分为"图书""报纸""杂志""电影""无线广播、录音制品与流行音乐""电视、有线电视、移动视频""视频游戏""互联网与万维网""广告"等章节。在介绍每种媒介时，作者都以该媒介的简史开场，如图书简史、报纸简史、杂志简史、电影简史等，然后逐步介绍该媒介的类型、内容特点、受众特征、未来发展趋势等。可以说每一章都是关于一种媒介发展历史、传播特征的小型专著，读者可以选择自己感兴趣的章节来阅读。

如果说以传播学经典理论为线索的《传播学原来很有趣：16位大师的精华课》《初识传播学》，能迅速帮助读者了解传播学主要研究哪些问题，那么按照媒介类型划分章节的《大众传播概论：媒介素养与文化》，更方便读者从自己熟悉的媒介类型入手进行学习。因此，我们在设计本阅读书目的媒介体验项目时，也借鉴了这本书的划分方法，分别以报纸、杂志、图书、电影、手机、动画、流行文化等为主题进行了项目设计。在体验相关项目时，读者可以配合阅读这本书中同主题的章节，相信这些内容能帮助读者更好地了解项目意义，完成项目任务。

这本书是为大学生编写的专业教材，对中小学生来说，阅读时读自己能读懂的部分，开阔眼界即可。

4.《认识媒体》(插图第2版)

作者：[美]乔治·罗德曼
译者：邓建国
出版社：世界图书出版公司北京公司
出版时间：2010年11月

这本书有大量生动醒目的插图及精心制作的图表，这些可视化的图表让读者能轻松摆脱阅读历史书常会产生的倦意。本书开篇全彩呈现的《大众传媒里程碑大事年表》，详细梳理了自1456年德国古登堡发明活字印刷机，至2006年甘乃特收购《佛州观点与佛罗里达火炬报》之间550年的历史。这条完整的时间线是帮助初学者整体把握西方主要国家大众传媒发展历程的有力工具。除了全局性引领，每一章开头是对本章讨论的重大事件的里程碑示意图，这能让读者迅速了解历史事件的主次脉络，并引导读者不断巩固对媒介发展历程的整体性认识。这种可视化是非常值得中小学生读者借鉴的历史学习方法。如果中小学生能将这种方法迁移至不同领域历史知识的学习中，相信一定能产生令人瞩目的积极效果。

除了形式上别具匠心，本书在内容结构上也特色鲜明。每章都分为历史、行业和争议三个部分，有助于读者了解每一种媒体的来龙去脉、运作规律，以及争议原因。而在具体写法上，作者每一章都从一个引人入胜的与媒体相关的故事开始，在文中不时穿插例证及专栏，并在页面空白处设置思考题，致力于启发中小学生全面认识媒体的社会影响，提升他们理性、科学看待媒体的意识及能力。

此外，这本书还配有由麦克劳-希尔公司专门为学生开发的《媒体世界》DVD，包含能帮助读者直观了解大众传媒机构内部真实场景，以及日常工作过程的视频材料。

总之，这是一本难得一见的能让初学者爱不释手的媒介发展史入门读物。

5.《传播学史：一种传记式的方法》

作者：[美]E. M. 罗杰斯
译者：殷晓蓉
出版社：上海译文出版社
出版时间：2012年8月

随着E. M. 罗杰斯对传播学研究的深入，他越来越对传播学作为一个学科是怎样诞生并发展的感到好奇。如他所说："任何涉入一条新的河流的人，都想知道这里的水来自何方，它为什么这样流淌。"于是在好奇心的驱使下，罗杰斯完成了这本探究传播学早期发展史的著作。

毫无疑问，追溯历史不仅能帮助罗杰斯解答心中疑问，更能帮助后来者了解传播学的前世今生。不同于大部分著作选用编年体、国别体、纪事本末等，罗杰斯十分特别地选择通过纪传体，在人的基础上来理解传播学史。这一选择不仅让传播学的诞生与一位位学者的人生经历密切联系起来，为书稿增加了趣味性、可读性，同时也启迪读者在众多学者的平凡生活中，感受历史发展的偶然与必然。

唯一的遗憾是本书的叙述截止于威尔伯·施拉姆正式建立传播学时，即1960年，而传播学这条河流依然兀自向前。而且1960年后的这几十年，可以说传播学经历了日新月异的发展，但目前还没有一部像本书这样的"经典"，能呈现晚近的传播学历史。

从阅读难度来说，本书确实不适合中小学生，但从帮助读者全面了解传播学知识体系的目标出发，罗杰斯的《传播学史：一种传记式的方法》又实在无法舍弃。因此，建议读者先了解本书在传播学知识谱系中的位置，等具备相应能力时，再深入阅读。

此外，在提及每一位重要学者时，作者都详细记述了其生平履历、生活轶事，而这些内容在其他传播学专业著作中鲜有涉及。对中小学生读者来说，这些著名学者的人生故事、求学历程是很好的学习材料，相信小读者们能从中获得很多启示。

6.《美国传媒史》

编著：[美]大卫·斯隆
译者：刘琛、戴江雯、苏曼等
校译：戴江雯
出版社：世纪出版集团 上海人民出版社
出版时间：2010年3月

本书是由斯隆发起并邀请另外23位作者共同完成的以美国大众传播发展历程为主题的国别体传媒史。全书共24章，每位作者负责一章，按时间顺序详细介绍了美国大众传媒自1450年代古登堡发明活字印刷埋下伏笔，一直到2001年"9·11"恐怖袭击发生，诸多电视台、网络媒体成为历史的缔造者和见证者。跟随作者的记录、分析，我们能看到在500多年的历程中，报纸、书籍、杂志、广告、广播、电视、网络，分别以独特的方式与美国的社会生活、政治经济相互影响。

前面已经推荐阅读的《大众传播概论：媒介素养与文化》《认识媒体》，虽然也主要以美国的媒介发展历程为线索进行论述，但作者更多地把欧美甚至日本、澳大利亚等发达国家视为一个整体。然而，即使媒介发展过程及其影响在不同国家间具有共同规律，但每个国家独特的政治经济制度、历史文化传统还是会使其媒介发展产生显著的差异。为了帮助大家注意到这种差异，并以此为基础更好地认识我国媒介发展历程的特殊性，特推荐大家以本书为起点，进而对不同国家的媒介史进行比较阅读。相信"国别"视角，能让读者在认识到不同国家间媒介发展共同规律的同时，也对每个国家媒介发展历程的特性及其意义有更好的理解，进而将帮助大家在进行跨国、跨文化交往时，更有效地理解他人和表达自我。

7.《当代中国传媒史1978—2010》

作者：李春
出版社：漓江出版社
出版时间：2014年6月

这部李春撰写的《当代中国传媒史1978—2010》与方汉奇主编的《中国新闻传播史》关注的历史时段不同，两书形成了很好的互补关系。具体说来，方汉奇先生的《中国新闻传播史》侧重于对我国古代及改革开放前的新闻传媒发展情况进行梳理分析，而本书着重探究1978年以后中国传媒发展变化的情况。对改革开放以来我国传媒领域大情小事更感兴趣的读者，可以重点参考本书。此外，由于传媒是社会政治、经济的重要组成部分，传媒的发展变化与当时的政策环境、文化风潮都相互交织、密不可分，因此本书不仅是一部传媒史，更是中国改革开放史的重要组成部分，读者在阅读时可仔细体会传媒与社会发展的互动关系。

本书以媒介发展与国家政策的互动为切口，显示了中国社会自改革开放以来多方面的变迁。全书篇幅巨大，资料翔实，叙述生动。但本书是以专业研究人员为目标读者的，对中小学生来说，本书的立意追求过于艰深，而且语言风格也不太具有亲和力。建议在阅读理解方面有困难的读者，仅把此书作为拓宽视野的工具书使用。可先重点阅读全书目录，了解一下本书的大致内容，在有具体需要时，可按年代或主题词查找相关内容。

8.《史蒂夫·乔布斯传》（典藏版）

作者：[美]沃尔特·艾萨克森
译者：赵灿
出版社：中信出版社
出版时间：2023年3月

史蒂夫·乔布斯是苹果公司智能手机iPhone的缔造者，正是他领导的苹果公司在2007年推出了全球第一款集音乐播放器、电话、无线上网等诸多功能于一身的手机，从此一举改变了当代人的社交生活。然而，乔布斯的创举远不止于iPhone，仔细阅读本书你会了解到他对完美的狂热以及积极的追求彻底改变了六大产业：个人电脑、动画电影、音乐、移动电话、平板电脑和数字出版，并创造出了全新的"数字产品零售商店"。可以说我们如今的智能生活就诞生于他天才的创想。然而，创想要变成现实，绝非一帆风顺，正像本书作者总结的那样，乔布斯拥有"如过山车一般的人生"，他的缺点和他的优点一样鲜明。

乔布斯无疑是创造力、想象力以及持续创新的楷模，但他在个性、行事作风和为人处世等很多方面，都有明显的不足。因此，如作者所说他的故事既有启发性，也有告诫意义。希望本书的坦诚讲述，能让在你汲取伟大天才经验的同时，也避免那些深深困扰乔布斯以及他身边亲朋、同事的问题。

其实，乔布斯算不算一个"传媒人"，颇让我们头疼，因为无论他自己还是本书对他的定位都更偏向技术达人、商业奇才，这和记者、编辑、导演等大家更熟悉的"传媒人"有很大区别。但经过仔细论证，我们还是希望大家能将乔布斯与传播学联系起来，因为无论技术还是商业都是促进传媒发展的重要力量，也希望能借助乔布斯的故事拓展你对传播学的理解。

9.《张一鸣：平常人也能做非常事》

作者：赵文锴
出版社：中华工商联合出版社
出版时间：2021年10月

前面已经介绍过中国的新锐互联网企业"字节跳动"自2012年成立以来，其明星产品"今日头条""抖音""Tik Tok"等，无不以令人惊叹的速度引爆流行。字节跳动的巨大成功吸引了众多研究者、分析师对其发展历程进行深入剖析，《字节跳动：从0到1的秘密》便是其中的代表之一。而本书作者将探索的目光对准了字节跳动的创始人——张一鸣，试图通过追溯张一鸣自南开求学，到数次创业失败，再到2020年字节跳动估值突破千亿美元的全过程，以此探究张一鸣终能"一鸣惊人"的原因。

对今天的中小学生们来说，生于1955年的乔布斯与生于1971年的马化腾尽管都对我们今天的智能生活有重要的影响，但他们的成长、奋斗的历程还是稍显遥远。与他们相比，出生于1983年的张一鸣，不仅生活、成长的时空与大家更为贴近，而且我们目前的数字生活也更多地由他塑造，受他影响。深入了解张一鸣构思"头条""抖音"等产品的思路，能帮我们更好地思考我们所在数字环境的特点，从而为我们更好地运用这些产品提供启发。

此外，善于创新、能成就伟业的人似乎都具有某些重要的共同特点。建议你将乔布斯、张一鸣等著名企业家的故事对比阅读，相信这将为你选择自己的人生道路，解决发展过程中的各种问题提供借鉴。

10.《数字化生存》（20周年纪念版）

作者：[美] 尼古拉·尼葛洛庞帝

译者：胡泳、范海燕

出版社：电子工业出版社

出版时间：2017年2月

尽管这本预测互联网发展趋势的"未来之书"，从面世至今已经过了二十多年，然而，书中的很多观点不仅没有过时，相反因其惊人的准确性，不禁令人心生感叹——作者尼葛洛庞帝为什么会成为当代最重要的未来学家之一？他是如何具备预见未来的"超能力"的？希望你通过研读此书，找到尼葛洛庞帝教授的秘诀，这样你也能见微知著，更好地预见未来了。

此外，在互联网已经深入我们的生活日常时向大家推荐此书，也是想提醒大家：任何事物在刚出现时，由于陌生化，人们对变化保持敏感和深入思考是相对容易的，但随着时间流逝，剧烈的冲击趋于平淡，人们就会丧失对环境变化的敏锐性，生活中的一切都会被视为理所当然。事实上，1996年《数字化生存》刚出版时，就在西方各国引起轰动，位居《纽约时报》畅销书排行榜数周，还曾被誉为中国迈入网络时代之际影响最大的启蒙读物。它不仅先后被《新周刊》和《书城》评为"改革开放20年来最有影响的20本书之一"（1998年）；在由中国科学院、科学技术部、中国科协联合举办的科普书籍推介活动中，被评为"中国科学家推介的20世纪科普佳作"之一（1999年）；2018年，本书还被南国书香节评为"改革开放40周年40本最具影响力图书"之一。希望你能通过此书，重温互联网刚刚进入人类生活时引发的诸多思考，永葆对生活中各种新生事物的好奇之心。

11.《传播学概论》

主编：胡正荣

出版社：高等教育出版社

出版时间：2017年6月

《传播学概论》是一本由国内著名传播学研究者们共同编写的传播学教材。在这本书出版之前，国内已有不少类似主题的教材。和这些教材不同，《传播学概论》的最大特点是"团队合作编写"。编写团队中的每一位学者都有自己擅长的研究领域，"团队合作编写"发挥了各位学者的研究特长，让内容更为深刻、饱满。

本书详细介绍了传播学方方面面的知识，可以帮助你宏观、系统地了解传播学，建立基本的传播学学科结构，适合作为传播学的入门书来看。

希望你通过阅读这本书，思考文字、声音、图形、图像这些信息载体和报纸、杂志、广播、电视、电影这些媒介形式都有哪些特点，着重思考这些信息载体与不同媒介形式之间的关系。从而回答项目中，我们为什么要用"漫画"的形式制作"给爷爷奶奶的微信使用说明书"这一问题。你可以重点阅读本书的第二章《传播》和第八章《传播媒介》，梳理出不同信息载体、媒介形式的特点，找到问题的答案。

  如果你未来想深入学习传播学，建议你从头至尾阅读本书。本书不仅能帮你搭建传播学学科知识框架，还能帮助你了解国内重要的传播学研究者。

符号

12.《皮尔斯：论符号 李斯卡：皮尔斯符号学导论》

作者：[美]查尔斯·桑德斯·皮尔斯
译者：赵星植
出版社：四川大学出版社
出版时间：2014年10月

《皮尔斯：论符号 李斯卡：皮尔斯符号学导论》不是一本专为中学生写的书，本书有大量的专业词汇，晦涩难懂。即使是符号学领域的研究者，想读懂本书都要下很大功夫。但本书对我国符号学研究意义深远，属于绕不开的路标。

长久以来，中国符号学运动一直受索绪尔影响。尽管学界都知道索绪尔在符号学领域只是个"小角色"，但因其著作成体系、易读易懂，很长时间内被国内研究者封为符号学的"圣经"。皮尔斯的情况恰恰相反，学界都认可皮尔斯主流的地位，但因其思想深奥且散落在大量的短文、笔记、信件、手稿中，很难整理，国内一直没有一本系统性介绍皮尔斯观点的著作，很多学者也就难以用皮尔斯的理论指导自己的研究。

本书是第一部系统介绍皮尔斯符号学观点的中文著作。赵星植博士从哈佛大学出版社所编的8卷本《皮尔斯文集》中摘录了皮尔斯关于符号学的重要论述，并按专题编译了此书。可以说，本书的出版，为正在勃兴的中国符号学运动打下了坚实的文献基础。

目前阅读本书，你只要知道皮尔斯是符号学的主要创始人，了解我国符号学运动受索绪尔、皮尔斯的影响即可。

13.《趣味符号学》

作者：赵毅衡

出版社：重庆大学出版社

出版时间：2015年6月

本书作者是我国著名符号学家、四川大学教授、博士生导师赵毅衡。赵毅衡教授一辈子都在从事符号学的研究与教学工作，积累了非常丰富的经验，很了解没有符号学基础的学生应该如何入门。为此，他写了《趣味符号学》这本小书，通过解读100组大家耳熟能详的小故事，介绍符号学的基础原理。比如，第一组小故事"新娘子为什么要盖着头"，说明符号具有代表意义的作用；第20组小故事"'和平鸽'的意义变化"，介绍了在符号表意的过程中，符号接收者的解释可以不同于符号发出者的意图。总之，作者用了大量生动有趣的小故事介绍符号，目的就是告诉广大读者，符号学没有那么神秘，符号学就在大家的生活之中。

这本书可以说是中国第一本面向没有符号学基础知识的读者的普及性读物。不仅在内容上，而且还在编排上，都体现了普及性读物深入浅出的特点。就全书来说，选取了100组生活中的小故事，分为12章呈现，每章介绍了一个符号学的特征；就单组小故事来说，每个故事结尾处都有"理论提示"，作者用最简短的篇幅介绍了符号学的专业术语和学理，方便有志之士进一步学习。

如果你对符号学感兴趣，那么就多读读这些"理论提示"，学习一些专业术语；即使你不打算在符号学领域深耕，读读此书也会有收获。因为作者赵毅衡不仅是符号学家，还是著名的诗人和小说家，文字功底深厚，这本书的文学性也很强。

14.《符号密语》

作者：[英]大卫·丰塔纳

译者：吴冬月

出版社：中国友谊出版公司

出版时间：2021年4月

这是一本带有科普性质的介绍符号学的书籍，非常适合符号爱好者入门阅读。没有皮尔斯、索绪尔书中晦涩难懂的术语，阅读起来很轻松。全书共分两个部分。在第一部分中，作者用极短的篇幅介绍了符号学的原理；第二部分是本书的重头戏，作者介绍了500个典型符号，以此来启发读者思考符号的来源和意义。这500个符号都是作者精心挑选的，大至宇宙天体，小到花鸟鱼虫；虚至神话故事，实至日常生活。除此之外，作者的用心还体现在对每一个符号的解释说明上。就同一个符号来说，作者既做了横向的比较，例如对不同国家、文明之间的比较；又做了纵向的比较，即按照时间发展顺序，对其起源、发展、变化进行了比较，堪称一本符号版的百科全书。

此外，这是一本全彩印刷的书，可以说是"世界符号收集图册"，极具收藏价值。如果你看不懂皮尔斯、罗兰·巴特等符号学大师的论著，翻翻这本书，也会对符号有更清晰的认识。书中选取的很多符号，你并不会陌生，比如数字、乐器和日常生活中的符号等，但或许你从来没仔细思考过其意义和来源。本书不仅是一本介绍符号的书，还是一本历史书，一本探索世界的书。因为，理解符号的起源、发展、变化，也就是在理解人类本身，理解人类历史。

15.《表情包密码：笑脸、爱心和点赞如何改变沟通方式》

作者：[英]维维安·埃文斯

译者：翁习文
审校：胡婧
出版社：北京大学出版社
出版时间：2021年4月

维维安·埃文斯是英国语言学和数字时代沟通领域的专家。他自2015年开始系统研究表情包，本书是他的研究成果集锦。

在书中，作者介绍了自己研究表情包的初衷，竟源于一宗"恐怖威胁"。2015年，一名美国少年因涉嫌恐怖威胁警方而被捕，而所谓的恐怖威胁不过是使用了一些"小小的彩色象形符号"。那时候的"表情符号"还只是青少年专属的"玩意"，成年人根本搞不懂，也不知道该如何解读这宗令人哭笑不得的新闻事件。为了帮助新闻记者搞清这件事，作者走上了表情包研究之路。

阅读本书，你可以了解表情包的发展脉络：这些"小小的彩色象形符号"是从什么时候开始诞生的，又是怎样从青少年群体延伸至全体大众的；你还可以了解表情包的奇闻轶事，比如表情包发烧友肯·黑尔是如何将27500字的经典童话故事《爱丽丝梦游仙境》转译成了由25000个表情符号组成的图画书。

相信了解了表情包的来龙去脉，再使用表情包时，你会游刃有余，有新的心得体会。

16.《占领世界的表情包：一种风靡全球的新型社交方式》

作者：[加]马赛尔·达内斯
译者：王沫涵
出版社：浙江大学出版社
出版时间：2018年1月

本书的封面设计相当吸睛，尤其是封面上那个大大的喜极而泣（笑哭）的表情。但你肯定想不到，这居然是一本"论文集"。作者和4名大学生组成的研究团队，采访了多伦多大学的100名本科生之后，撰写了这本探究表情符号，尤其是emoji表情有关的书籍。书中介绍了表情符号的发展脉络、兴起的原因以及表情符号与读写能力、人际交流、人类意识之间的相互联系。

在这本书里，你不仅可以了解表情符号的相关知识，还能学习社会科学研究方法。首先，一提到"科研"，很多学生会觉得枯燥、无趣，找不到研究选题。这本书给你做了一个很好的示范，那就是科研选题可以是生动的、与现实生活紧密联系的。其次，书中轻松但详细地介绍了田野调查法，描述了数据是如何收集和解读的，你可以像阅读故事一样，了解一个小型的研究是如何启动、展开的。

当然，阅读此书时，你也得注意。首先，书中主要讨论的是表情符号，尤其是emoji表情。英文版原著书名是 *The Semiotics of Emoji*，而译者选择用"表情包"来代替emoji，可能稍有不妥；其次，作者所在的文化语境，对一些表情的解读和国内不同，比如封面那个喜极而泣（笑哭）的表情，在欧美意味着大笑，而在我国或有其他含义。不管怎样，这些都是小插曲，并不影响你从本书中汲取营养。

17.《QQ + 微信创意表情包设计》

作者：刘春雷、汪兰川

出版社：人民邮电出版社

出版时间：2017年11月

这是一本系统介绍"表情包制作"的书籍。全书共分为两大部分，第一部分是关于表情包的基础知识，比如表情包的发展历史和演变，表情包的营销、盈利模式等；第二部分是软件制作教程。作者运用大量的案例，详细介绍了Adobe Photoshop和Adobe Illustrator两款软件的使用方法。此书特别适合对制作表情包感兴趣的新手阅读，第一，本书非常成体系。虽然网上有大量的介绍表情包的制作视频，但新手往往不知道从哪儿看起，本书给了很好的指导；第二，本书的示例很详细，不仅有单个表情如何制作的小示例，也有整个表情包如何制作的大示例。作者按照由浅入深的方式编排，能让读者循序渐进地学习。

虽然本书有很多优点，但也需要注意，毕竟这是一本软件使用教程，软件的更新频率是很频繁的，书中有部分案例、功能可能已经过时，这种现象难以避免。一种好的阅读方式是，你以此书作为入门的指南，配合着网络上的资源来学习，效果可能事半功倍。另外，如果你想成为专业的表情包设计师，除了学习软件使用以外，建议看看角色设计类的书籍，会给你更多的启发。

18.《给孩子的汉字王国》

作者：[瑞典]林西莉

译者：李之义

出版社：中信出版社

出版时间：2016年8月

自20世纪50年代，林西莉开始学习汉语，"汉字为什么长这样"就一直吸引着她思考。后来，作者在北京大学、中央音乐学院学习，接触了很多中国人。她发现，即使是一些受过很高教育的中国人，对自己的语言的根也知之甚少。大家都是机械地学习汉语，很少追根溯源。所以，林西莉开始探究汉字。

在书中，林西莉用讲故事的方式介绍甲骨文和金文。她从"甲骨文是如何被发现的"这个话题娓娓道来，揭示甲骨文和金文是汉字最主要的两个来源。随后，林西莉精心挑选了200多个基本汉字，并把它们分为12大类来呈现。她教我们这些字的构字法及其历史演变。这种解读汉字的方法新颖有趣，让汉字变得鲜活，学习起来简单易懂。

文字是一种特殊符号，它是文明出现的标志。文字的源头不同，孕育出的文化也不相同。以英语为代表的西方文字，是以字母为基础的拼音文字。它的好处是，可以用26个字母，变化排列组合，表达很多意义。但不足是，每个单词本身都无法直观地表达意义。汉字就不同了，汉字起源于象形文字，虽然经过数千年的演变，简体汉字已和古文字相去甚远，但是汉字中的一横一竖都有其意义。林西莉的《给孩子的汉字王国》就是一本讲述汉字起源和特点的知识读物。阅读这本书，你不仅可以重新认识汉字，还可以认识汉字的根。

19.《伟大的字母：从 A 到 Z，字母表的辉煌历史》

作者：[美]大卫·萨克斯

译者：康慨

出版社：花城出版社

出版时间：2008年7月

这是一本介绍字母的"百科全书"。它用妙趣横生的语言讲解字母的起源、发展以及在当代文化中的应用。它不仅回答了"字母是什么""字母从何而来""字母的形貌、发音以及前后顺序如何确定"等问题，还解释了"'三 K 党'的来历""'吧女'的身世"等当代现象。作者的视角之宽广，涉猎之丰富，令读者钦佩不已。

本书中的每个字母章节都包含历史和趣事两大部分。历史部分的知识量大，除非你有深厚的历史、地理储备，否则读起来有一定难度。建议你从趣事，尤其是每个字母的当代故事开始读起，先建立兴趣，再追根溯源，了解每个字母的起源和发展。

本书不仅可以帮助你了解英文字母这种特殊的符号，还有助于你的英语学习：因为看过本书之后，你将能从字母层面猜出很多单词的词源。

报刊媒体

20.《中国新闻传播史》（第3版）

主编：方汉奇
出版社：中国人民大学出版社
出版时间：2014年7月

本书是由新闻传播学界泰斗方汉奇先生担纲主编的"21世纪新闻传播学系列教材"中的一本，自出版以来一直是国内众多新闻传播院系的指定教材。本书详细记述了我国自先秦两汉直至2014年3月的新闻传播活动历史，涉及报刊、广播、电视、新媒体、新闻传播学教育、新闻传播学研究等各方面的内容，同时囊括我国台湾、香港、澳门地区的新闻传播事业。其中，古代史部分尤为丰富翔实，对网络、手机等最新发展也进行了专章论述。

本书是我国最具权威性的新闻传播史教材，尽管它是为新闻传播专业的大学生编写的，对中小学生来说，无论是字面阅读，还是深入理解，都会有不小的困难。但鉴于它的权威地位，我们还是将它推荐给读者。建议大家将其作为了解我国新闻传播业发展历程的工具书，可以在需要了解某个历史时期或某一特定事件时进行有针对性的检索、阅读。

21.《当代报纸编辑学》（第2版）

作者：甘险峰
出版社：中山大学出版社
出版时间：2013年6月

尽管随着电视、网络、手机等电子媒体的发展，报纸在生活中的普及度、影响力一直在下降，但由于报纸在世界各国都有着悠久的历史，在长期的编写、出版实践中，众多极具探索精神、反思能力的从业者、研究人员，持续不断地对如何能提升报纸的内容质量、增强其对读者的吸引力等问题进行总结，从而形成了体系完备、内容丰富的"报纸编辑学"。对所有新闻传播学专业的大学生来说，报纸编辑学是重要的专业课之一。本书是我国众多报纸编辑学教材中的一本，之所以推荐本书给大家，是因为作者甘险峰毕业于复旦大学新闻学院，获得新闻学博士学位后，还曾在国内多家主流媒体担任记者、编辑十余年，因此本书的编写方式兼具理论的系统性和报社工作的实用性，非常有利于初学者通览报纸编辑的全过程。

本书分为总论、文稿编辑、图片编辑、版面编辑、专业编辑五大部分。特别针对近年来图片在报纸中的比重不断提升，本书用整整4章的篇幅系统讨论了图片编辑的原理及技巧。此外，在新闻版编辑部分，本书分别介绍了头版编辑、要闻版编辑、本地新闻版编辑、国内新闻版编辑、国际新闻版编辑、财经新闻版编辑、文娱新闻版编辑、体育新闻版编辑、新闻评论版以及专刊、副刊编辑，这种划分方式与常见的报纸版面安排一致，有利于读者结合实际理解书中内容。

尽管本书是新闻传播学专业本科生的教材，但如果小读者们能够结合报纸，比对阅读书中相关内容，一定会更好地了解报纸的构成及编写特点，从而提升小读者对报纸内容的理解能力。此外，如果小读者能将本书中的原理、技巧灵活运用于"校报""班报""黑板报"以及各种"主题小报"的编写实践，那无疑能大大提高编写质量。所谓"报纸编辑学"本质上是学习信息加工处理能力。尽管报纸在生活中越来越少见，但无论人们接触什么形式的信息，如电视新闻、手机公众号文章、网络平台短视频……想要正确理解或读出深意，都需要使用者具备良好的信息加工处理能力，希望本书能在这方面给小读者以启迪。

如前所述，以报纸编辑学为题的教材众多，不同的作者有不同的观点及论述方式，如果你想了解其他学者的观点，可参考"21世纪新闻传播学系列教材"中的《报纸编辑学教程》(郑兴东、陈仁风、蔡雯著,中国人民大学出版社,2001年12月)。此外,如果你也想了解不同国家在报纸编辑原则、技巧上有何异同,可找来《西方报纸编辑学》(赵鼎生著,中国人民大学出版社,2002年9月)一探究竟。

22.《从菜鸟到专业:萌新记者成长手册》

作者:谭峰

出版社:人民日报出版社

出版时间:2020年7月

本书系统梳理了大多数记者成长路上会遇到的问题以及解决方法:从采访前如何找到合适的采访对象;到采访中如何提出"好问题";再到采访结束后应该如何整理、记录采访过程,撰写文章,作者用文字把这几年的采访经验固化下来,向新手揭露了采访背后的神秘面纱。

通过阅读本书,你可以了解与"新闻采写"相关的那些事,学习一名新闻记者最硬核的功夫。用作者自己的话说:"对于有志于新闻事业的萌新,这本书折射出一位'职场老人'的心路历程。"

市面上介绍新闻采访与写作的书籍虽然很多,但对从未进行过新闻写作实践的读者来说,从本书开始阅读不失为一个良好的开端。

其中的一个原因是,本书生动有趣,读起来轻松愉悦,但又不失教育意义。这是一位资深记者用"新闻采访手记"的形式写成的"教科书",它没有庞杂的体系和条条框框,全书都在讲故事,但又干货满满。你可以透过一个个有血有肉的小故事,看到一名记者真实的工作情景以及他的所思所想。

除此之外,复旦大学新闻学院执行院长张涛甫为本书写的推荐序提出一些重要问题：在新媒体快速发展，人人都可以做自媒体的今天，为什么我们还要特意去学新闻专业？到底什么是新闻传播专业学生的立足之本、护身之术？我们的新闻教育又出了哪些问题，该怎么改？……针对上述问题，张涛甫做了精彩的论述。如果你有志于投身新闻事业，你可以努力厘清上述问题的答案。这样，你就不会在技术的飞速发展中迷失方向，并早日成长为新技术环境下的专业新闻人。

23.《通讯员新闻采写一本通》（第2版）

主编：王卫明、倪洪江

出版社：人民日报出版社

出版时间：2018年4月

如果说前面介绍的《从菜鸟到专业：萌新记者成长手册》，是面向新手小白的新闻采写入门指导，那本书就是立足当前媒介生态，为每一位想参与新闻写作实践的普通公众准备的"全民记者时代的新闻素养读本"了。

本书作者王卫明博士是南昌大学新闻与传播学院副教授，不仅有丰富的媒体实践经验，而且长期从事新闻实务教学研究，因此本书融理论性与实践性于一体，既对新闻实务研究领域有较高的参考价值，又对新闻实务操作有较强的指导意义。

如果说《从菜鸟到专业：萌新记者成长手册》更强调趣味性和亲近性，有利于破除新手对新闻采写的畏难情绪，那么本书的内容更加全面，论述也更为系统。将两书配合阅读能让读者循序渐进、由浅入深，逐步提升自己对新闻采写原则及技巧的认识。

此外，本书还专门在附录部分为读者提供了对确定新闻选题极有指导作用的"新闻日历（特殊纪念日和节日）"，对想继续深入探索的读者很有指引作用的"主要参考文献与重点推荐书目"，以及对想一睹优秀新闻作品风采的读者很有启发意义的"新闻作品范例"。

24.《好新闻的样子：中国新闻奖作品赏析》

作者：朱建华、郑良中
出版社：人民日报出版社
出版时间：2021年4月

"中国新闻奖"是全国综合性年度优秀新闻作品的最高奖。1991年，中国新闻奖正式设立，三十多年间，共有7300余件优秀新闻作品获得中国新闻奖，这些作品被中国新闻界公认为好新闻的标杆。

什么是好新闻？这是每个新闻工作者以及有志于投身新闻事业的学子都该思考的问题。好新闻没有标准的定义，实事求是、题材新颖、文笔精湛，这都是好新闻的要素。本书通过剖析历年来中国新闻奖获奖作品，为读者全面描绘好新闻的样子。

如果你有机会进行新闻写作实践，主持创办校报、班报、黑板报等，那你可以通过阅读本书，提升自己的新闻写作水平。如果你日后想从事与新闻有关的工作，那更可以把本书当作教材，对比着阅读新闻报道原文和评析文章，学习其中的新闻理论知识和业务技巧。

即使你没有从事与新闻相关工作的想法，阅读此书也会让你有很多收获。比如，你可以重点阅读本书选取的57篇新闻报道原文。这些原文报道时间横跨1990至2020年，你可以从一个个鲜活的故事中了解30年间中国社会的发展变化，对中国国情有更深刻的理解。此外，当你研读过这么多新闻作品后，以后再读新闻时，你也会更懂得分辨新闻的质量。

25.《总编辑手记》

作者：范敬宜
出版社：人民日报出版社
出版时间：2010年11月

本书是我国著名新闻工作者范敬宜于1993年担任人民日报社总编辑后，至1997年间撰写的"值班手记"精选集。写值班手记是人民日报社的传统，其主要作用是确保报社上下之间、部门之间能就每天的新闻选题方向、版面编辑思路、稿件写作要求等及时沟通。范敬宜担任总编后，扩充了值班手记的内容。如增加了对当天报纸内容和版面的点评，以帮助记者、编辑明确工作要求；或是"借题发挥"，以当天报道的内容为契机，谈一谈自己对新闻宣传业务的见解；或是对前一阶段的宣传报道做小结，帮助大家总结经验，反思不足。这些"手记"虽然是范总编就人民日报社日常工作有感而发的工作记录，每篇长不过七八百字，短则两三百字，不像理论书籍那样深入系统，但却生动鲜活地体现了其办报思想及价值追求。很多记者、编辑从这些及时的建议反馈与精辟的点评指导中获益良多，因此建议报社将这些工作笔记选编出版，以让广大新闻界同行和读者更好地了解人民日报背后的理念及思想。

推荐此书给大家，不仅是想让大家有机会了解我国最重要的报纸《人民日报》的真实编制过程，更希能望借此机会让大家了解范敬宜的人生故事。

范敬宜先生是北宋名臣范仲淹之后，从小便展现出过人禀赋，但自幼体弱多病，加上连年战火、颠沛流离，无法正常上学。最终他以一年的小学学历，神奇般考上大学。范敬宜自幼对诗、书、画都很敏悟，尽管无数师长早在他少年时期就认定他是诗人、书法家或画家的好苗子，但他却对写新闻、办报纸情有独钟，始终把当一名记者，去深入社会，感受现实中鲜活的一切，作为自己最大心愿。直到49岁,他才有机会全职从事新闻行业,当上人民日报社总编辑时,他已经63岁。在他古稀之年为清华新闻传播学子讲课时,第一堂课讲的就是"如果有来生,还是当记者"。希望你能结合范敬宜的生平阅读本书,你将看到"热爱"在一个人每天工作实践中的光芒。

26.《中国期刊史》(全5卷)

主编:石峰

出版社:人民出版社

出版时间:2017年12月

自1815年,世界上第一本中文期刊《察世俗每月统计传》问世至今,中文期刊已走过200年的历史。200年来,随着社会不断变迁,期刊从内容、形式、办刊理念到经营模式都发生了巨变。为了科学总结期刊业的发展经验和规律,正确把握新时代期刊出版的方向,中国期刊协会组织资深专家,撰写了这套史料翔实的《中国期刊史》。

追根溯源是认识一个事物的好方法。而这套《中国期刊史》,就是帮助你认识期刊的重要抓手。不过,这是一套大部头,全书5卷共200万字,从头读到尾并不现实,那要怎么看才能发挥这套书的重要作用呢?以下两种方法可以帮到你:

第一,从阅读书籍目录开始,先建立了解期刊的框架,再对感兴趣的部分详细阅读。第二,你可以搭配自己的近代历史教材来阅读。在中学近代史教材中,有很多关于期刊的内容,比如维新运动中的《时务报》、五四运动中的《新青年》等。这些你熟悉的名词,在《中国期刊史》中都可以找到更全面的介绍。搭配着阅读,还能让你有更深刻的历史观,认识到各行各业的发展演变,都离不开社会转型与变迁的大背景。

27.《提问》

作者：杨澜
出版社：浙江文艺出版社
出版时间：2020年2月

杨澜是中国著名的电视节目主持人、媒体人。1990年，她从北京外国语大学毕业后，开始担任中央电视台《正大综艺》节目的主持人。1994年，杨澜赴美深造，回国后加盟香港凤凰卫视，后推出中国电视第一个深度高端访谈节目——《杨澜访谈录》。截至目前，该节目已采访全球800多位各界精英。

30年的媒体工作经历，上千次的深度采访，数万次的提问，让杨澜的提问力得以强化。她也因此意识到，提问能力是可以通过后天训练习得的。杨澜一直在思考：如何通过学习，获得有效的提问能力。本书就是她近年来思考的精华。

在本书中，杨澜试图解决"问什么、怎么问、问到何种程度"的问题。全书层层递进：首先，杨澜阐述了提问之前应做的准备工作，包括一颗好奇心和详细的案头工作以了解提问对象；随后，她介绍了一些提问的技巧，包括如何破冰，如何处理与提问对象的关系；最后，她分门别类地介绍了9种提问模型，包括场景化提问、共情式提问等。阅读该书，读者可以系统学习提问的方法，并通过提问与自我、他人、世界更好地互动。

从某种意义上来说，一部人类的历史就是一部提问的历史。人类通过不断提出问题、分析问题、解决问题来实现创新、实现发展。为此，学习"提问"并真正掌握这种能力至关重要。

提问这种能力是新闻传媒人的硬核能力。但这本书不只是写给传媒从业者的，它适合所有人阅读，尤其是学生，因为这本书对培养学生独特的思维方式，提升其沟通能力和学习能力大有裨益。

28.《人民日报记者说：典型人物采访与写作》

编者：人民日报地方部
主编：费伟伟
出版社：人民日报出版社
出版时间：2016年3月

"人民日报记者说"是一套丛书，共3本，本书是其中的一本。该书由三个板块组成，包括"采访：离采访对象近些、再近些""写作：写自己感受最深的"和"编辑：让新闻创造力倍增"。每个板块又下设若干个主题，以记者的视角呈现了人物采、写、编背后的故事，作者的所思所想与最终刊载的优秀文章。该书不是教科书，没有长篇大论，它的作者大多是人民日报地方部、地方分社的骨干。这些记者用最简单、朴实的语言，讲述着一个个有血有肉的故事。而仔细分析每个故事，你又能总结出背后蕴含的采、写、编基本原则。这种既有阅读趣味又有教育意义的书籍，非常适合学习新闻采访与写作的同学阅读。

谈新闻采访与写作的教材不少，但是专门聚焦于人物采访与写作的书籍不多，这本书是其中的佼佼者。准确来说，它不是教材，但有非常深刻的教育意义。该书兼顾了方法论和案例，比那些纯粹的理论书籍更有指导作用和可读性。刚进入新闻学领域的年轻人，可以通过阅读一个个小故事，看到前辈记者、编辑的工作历程和工作感悟，并从中总结出人物采访、写作的原则和经验。

即使你不想投身新闻事业，读这本书也会有很多收获。首先，在这个注意力稀缺的时代，任何行业的从业者都必须具备"讲故事的能力"。而《人民日报》无疑是"讲好故事"的高手；其次，书中附的34篇见报稿，都是经典的作品，是近年来《人民日报》刊载人物报道的精华，许多稿件现在读起来仍然激荡人心。你可以通过阅读这些文章，了解各行各业的"普通人"，了解一个时代，了解中国。

29.《南方周末写作课》

编著：南方周末

出版社：中信出版社

出版时间：2021年4月

《南方周末》创办于1984年，是一份在中国有着广泛影响、深具公信力的新闻周报。该报以"在这里，读懂中国"为追求，以"正义、良知、爱心、理性"为基本理念讲述着中国故事。该报每年的新年献词都是众多学生、媒体人学习的对象。1999年《总有一种力量让我们泪流满面》和2009年《没有一个冬天不可逾越》是其新年献词的代表作。

随着互联网技术和新媒体的不断发展，传统媒体一直在寻求创新，以跟上时代发展的步伐，《南方周末》也不例外。2020年，《南方周末》把其看家本领——"怎样讲好一个故事"制作成知识付费课程。该课一经推出就受到了读者的欢迎，并迅速成为销售过万的网络课程产品。而这个知识付费课程，就是本书的前身。

如果说，在《南方周末》里，你可以读懂中国；那么在《南方周末写作课》一书里，你可以读懂《南方周末》。30多年来，《南方周末》的记者、编辑们就是用一个个有力量的特稿，记录、推动着中国社会的发展。而在本书中，这些记者、编辑将向你解密，《南方周末》一个个特稿都是如何被创作出来的。

除此之外，阅读本书，你还将至少在以下两个方面有所收获：

第一，如果你一谈到"写作"就头疼，可以好好阅读本书。本书介绍的写作方法，会让你的作品既具真实性又具文学性。

第二，随着自媒体的快速发展，新闻报道碎片化问题明显。越是在碎片化信息铺天盖地的时候，深度报道就越显得弥足珍贵。本书呈现的特稿案例，将帮助你更好地认识深度报道。尤其是如果你未来有从事新闻事业的想法，你可以多研究这些案例，从中学习新闻前辈们广阔的视野和看问题的深度。

30.《〈华尔街日报〉是如何讲故事的》

作者：[美]威廉·E.布隆代尔

译者：徐扬

出版社：华夏出版社

出版时间：2018年1月

《华尔街日报》创刊于1889年，是一家以财经报道为特色的综合性报纸，在国际上具有广泛的影响力。巅峰时期，《华尔街日报》每日的付费发行量高达200万份。近年来，受到新媒体的冲击，《华尔街日报》的发行量有所萎缩，但这并不影响其在世界报刊中的重要地位，它仍然是美国乃至全球商务人士的必读报纸。《华尔街日报》之所以能产生这么大的影响力，主要归功于其严肃的报道风格。它以深度报道见长，追求高品质和深度挖掘真相的稿件。

本书总结了《华尔街日报》记者讲故事的方法。该书的内容主要来源于《华尔街日报》社内部培训。这些培训的目的是提高记者的写作能力，使他们能更好地为《华尔街日报》头版供稿。

如果你想投身新闻事业，尤其是想做记者，一定要阅读《〈华尔街日报〉是如何讲故事的》一书。该书会告诉你，供职于像《华尔街日报》这样的世界最知名报业集团的记者是如何生产新闻的：他们如何选题，如何展开，如何谋篇布局、炼字炼句，用高品质的报道吸引读者的注意力。另外，该书还可以告诉你，在新媒体横行、人人都可以是自媒体的今天，传统媒体人坚守的新闻专业主义是什么。

即使你未来不想走新闻之路，读本书也会有所收获，因为它能告诉你写作的技巧，让你的文章更有吸引力。

31.《版式设计就这么简单》（第2版）

编著：Sun | 视觉设计

出版社：电子工业出版社

出版时间：2017年9月

这是一本适合新手入门阅读的书籍，作者用简单活泼的语言，搭配大量版式设计作品，生动轻松地介绍了"版式设计"最基本的原理。

何谓"版式设计"？版式设计是"设计"领域的重要分支，它是指通过一定的编排手法，将视觉元素（如点、线、面、文字、图片等）以某种形式组合在一起，从而形成的版式排列。你可能觉得版式设计很陌生，但其实我们每天都在和它打交道。户外广告、报纸杂志、教科书，甚至你刚上交的电子版作业……都和版式设计有着千丝万缕的联系。如果版式设计合理、得当，可以增加内容的可读性，减少读者阅读的歧义。前文推荐的《占领世界的表情包：一种风靡全球的新型社交方式》一书的封面，就是个很好的例子。那本书，不用看书名、内容，读者就会被封面上大大的喜极而泣（笑哭）的 emoji 表情吸引，愿意花时间读下去。所以说，每个人或多或少都应该学习一些版式设计的知识，并将其运用在自己的各种作品里。

本书是新手学习"版式设计"很好的启蒙用书。书里不仅有大量的作品作为示例，以解释那些抽象的版式设计原则；作者还很用心地在每节和每章之后增加了"设计手札"和"小心设计陷阱"两个版块，试图通过对同一作品设计好坏的对比分析，帮助读者理解、记忆晦涩的知识点，最终掌握版式设计的方法。

不过，你要注意的是，书籍写得再好、编排得再好，你只看不练习也无法真正掌握其中的技巧。所以快以本书为指南，练起来吧！

32.《对话美国顶尖杂志总编》

作者：王栋

出版社：作家出版社

出版时间：2008年1月

市面上的杂志很多，哪些杂志称得上世界顶级？它们对读者的生活方式和价值观产生了哪些重要影响？一本杂志如果想成长为世界性杂志，它需要怎么做？本书就在试图回答这些问题。

这是一本探讨美国顶尖杂志编辑方针、作业流程、经营理念的书籍。作者精心选取了包括《时代》《福布斯》《国家地理》《芭莎》等在内的20余本世界级杂志，并与它们的主编进行面对面的交谈，以了解这些杂志的定位、办刊理念、报道风格、读者策略和运营特点等，试图揭开世界级杂志成功的原因。

这是国内第一本全面、详尽探讨美国顶尖杂志情况的书籍。在本书中，你可以一下子看到20多本世界级杂志背后的故事。比如，《时代》周刊是如何评选时代100杰出人物的；《福布斯》是如何看待中国市场的等等。如果你是杂志爱好者，你可以通过本书，更加了解那些耳熟能详的世界级杂志的运作情况。如果你对杂志并不熟悉，阅读该书会有一定困难，因为你可能不具备一些基础知识。不过，那也没有关系，阅读本书，你依旧可以在以下三个方面有所收获：

第一，你可以迅速了解种类丰富的世界级杂志：它们的名字是什么，有什么特点。

第二，你可以学习作者的访谈技巧。比如在访谈20余名顶尖杂志主编之前，作者做了哪些功课，准备了哪些问题。

第三，你可以学习访谈体的写作方式。这种方式既能真实记录访谈情况，又能增加读者阅读的趣味性。

33.《不分东西》

作者：闾丘露薇

出版社：中国人民大学出版社

出版时间：2011年1月

闾丘露薇是一名资深媒体人，曾以"战地玫瑰"的形象出现在阿富汗最前线的战地记者。战地报道，讲究的是客观性和时效性，但随之带来的问题是，容易让记者陷入记叙式快速写作模式，缺乏对现象背后成因的深入思考。2006年，急于摆脱这一弱点的闾丘露薇前往哈佛大学深造，这个自幼成长于上海的东方女性开始系统接触西方文化，并在东西方文化的碰撞中思考何谓"事实真相"，哪些又是由不同"立场"导致的"偏见"。

本书呈现的是闾丘露薇对上述问题的思考结果。她以2008年至2010年间世界发生的重要新闻事件作为切入点，通过分析新闻事件本身和具体的新闻报道内容，让读者看到，不同文化、不同渠道（如专业媒体和民间声音）是如何解读同一新闻事实的，有些解读可能大相径庭。

闾丘露薇还在书中探讨了"中国傲慢论"的成因，分析了中国在与世界沟通时的种种错位，以及错位背后折射出的各国政府和人民的思维方式。作者呼唤经济迅速腾飞的中国培养海纳百川、正义理性的大国心态，呼唤中国年轻一代用更开阔的视野来思考中国和世界。

本书书名和封面的设计非常巧妙。第一眼看去，你可能不理解作者到底在谈什么，但是如果告诉你这是一本讨论东西方"偏见"和"真相"的书，你会恍然大悟，兴味盎然地翻阅此书。

阅读该书，你会在以下几个方面有收获：

首先，书中翔实记录了许多重大政治、社会事件的新闻报道过程，以及当时官方和民间的意见。作者从一个媒体人的角度对各方报道进行剖析和反思，提出建议。作为新闻受众，你可以在作者的引导下重新审视这些事件，并且学会全面、客观地看待事物的方法，不再随波逐流，被某种"立场"左右。

其次，如果你有志于投身新闻事业，阅读本书，你能够通过具体的采访案例了解记者的工作日常；同时，学会理性、正义、真诚、敬畏、自省等一名合格记者应具有的品格。此外，你还可以借由本书了解社会、政治、外交等多个领域，本书将会是带你进入这个奇妙世界的引路者。

34.《红星照耀中国》（青少版）

作者：[美] 埃德加·斯诺

译者：董乐山

出版社：人民文学出版社

出版时间：2016年6月

埃德加·斯诺是美国著名记者。1928年，斯诺来到中国，并以报纸通信员的身份游遍各地采集新闻，为西方媒体报道中国情况。在1930年代，斯诺在上海、北京等地目睹了"九一八"事变、淞沪战争，并与中国的革命领袖有了深入接触，渐渐关注到了当时被西方世界歪曲丑化的中国共产党。记者的良知驱使斯诺去革命根据地一探究竟：他想要知道在革命根据地人们的真实生活，而不是仅靠那些随波逐流的言说"间接"的了解事情的"真相"。为此，1936年6月，斯诺访问了陕甘宁边区，成为第一个进入红区采访的西方记者。在陕甘宁边区，他得到了很多第一手资料，并撰写了大量的通信报道，对中国共产党和中国革命做了较为客观、公正的评价。

《红星照耀中国》是一部新闻纪实作品。阅读该书，你可以看到很多鲜活的故事。如果你学习中国近代史时感觉枯燥，那么不妨暂时放下历史教材，跟着斯诺去那个年代探一番险。在本书中，你可以看到斯诺和毛泽东坐在炕头，听他讲述如何从封建家庭出走寻求革命道路的故事；你可以看到斯诺和彭德怀坐在土坡上，听他讲述少时颠沛的生活；你还可以看到斯诺是如何与共产国际派来的军事顾问李德在草场地上打网球，又是如何在想念家乡美食时，同博古要来二两可可粉做蛋糕……拥有强烈代入感之后，你就不会再觉得那段历史久远无味，负重前行的革命先辈们也不再只是史料上那些黑白斑驳的照片，他们的精神在斯诺的记录中闪闪发光，你会更容易且深刻地了解那段光辉岁月。

  除此之外，还希望你通过阅读该书，学习斯诺那种探究真相的精神和方法。我们应怎样通过调查、采访，掌握第一手资料来理解事实的真相，而不是被带有某种立场的观点忽悠，这不仅是新闻从业者要掌握的技巧，而且是每个人都应具备的能力。

书籍

35.《书的故事》

作者：[苏]伊林

译者：胡愈之

出版社：长江文艺出版社

出版时间：2018年7月

本书作者伊林是苏联科普作家、儿童文学作家，他的主要作品包括《十万个为什么》《书的故事》《大自然的文字》等，对中国的科普事业产生了重要的影响。伊林的作品丰富，流传甚广。

《书的故事》是一本儿童文学作品，生动有趣地讲述了文字的产生过程，也讲述了书的演变进化过程。读者能够从不同时期、不同地区书写工具的区别，感受人类特有的智慧。从另外一个角度上来讲，书籍也在向我们揭示一个问题，随着技术发展，纸质书籍受到了很大的冲击。书籍的命运将会是如何呢？它们会像竹简、芦叶纸、羊皮纸那样消亡，还是有新的发展路径？这很值得我们思考。

这本书很适合中小学生初步了解书籍的由来，可以作为兴趣启蒙，为后面阅读与"书籍"的发展演变有关的书打下基础。

36.《书籍的历史》

作者：[法]吕西安·费弗尔、[法]亨利－让·马丁

译者：和灿欣

出版社：中国友谊出版公司

出版时间：2019年8月

《书籍的历史》最早出版于1958年，是研究书籍史、西方文学史与出版史的

必读书目之一。它讲述了15世纪至18世纪的欧洲印刷书籍诞生与传播的过程，手抄本演变成为印刷书背后的深层次原因到底是什么，详尽说明了当时印刷书的制作方法、背后的商业逻辑以及印刷书普及给社会各方面带来的影响，全面而深刻地记录了当时书籍的发展状态。整本书论述严谨，史料详尽，观点鲜明，是值得细读的经典读物。

这本书不仅能让我们了解到从手抄书转向印刷书的转变的历史过程，同时可以窥见当时的经济背景、人们的生存状态，理解技术发展和演变过程中面临的问题和挑战，给我们当今生活以启发。书籍的演变对人类文明史产生了重要的影响，能够让爱书之人了解书的历史，并且预测书籍未来的命运。

37.《大英图书馆书籍史话：超越文本的书》

作者：[英]大卫·皮尔森

译者：恺蒂

出版社：译林出版社

出版时间：2019年1月

本书作者大卫·皮尔森是英国首屈一指的书史学专家，剑桥大学博士，曾担任英国国立艺术图书馆收藏部主任、英国目录学协会主席，著有《书籍历史中的来源研究指南》《牛津装帧设计》《英国书籍装帧风格》等名作。

本书探讨了中世纪以来不同历史阶段的书，从书的文化与艺术价值出发，图文并茂地介绍了有关书的基本概念，讲解了书籍的排版、印刷、装帧、收藏、批注、再利用等各个过程，说明书本身就是一种艺术，每本书都有它独特的历史，此书还探讨了书籍的未来发展方向和未来价值。

这本书图文并茂、制作精良，书中有着大量的高清全彩印刷的历史图片，方便读者了解不同历史阶段的排版、印刷、装帧技术，了解书的制作工艺，感受书本身的艺术性。本书不强调文本内容本身的价值，而是从另外一个视角去看待书籍，把书本身当作一种历史性的艺术品。在这本书中，你能够从多层次视角去看待纸质书籍的重要价值和特点，从而明白在电子阅读时代，纸质书籍能够给我们带来的精神价值，更加体会到书籍的乐趣。

38.《图书馆的故事》

作者：[美]弗雷德·勒纳

译者：沈英、马幸

出版社：北京时代华文书局

出版时间：2014年5月

你会经常去图书馆吗？你知道怎么从偌大的图书馆里找到你需要的图书吗？你知道历史上第一所图书馆在哪里吗？你好奇古代的图书馆是怎么管理图书的吗？如果你对图书馆的历史感兴趣的话，你可以尝试阅读《图书馆的故事》。本书作者弗雷德·勒纳是美国哥伦比亚大学历史学和图书馆学博士、图书馆学研究者，曾出版《古今图书馆概览》(Libraries Through the Ages)等著作。

本书梳理了从文字初创时期到计算机时代的图书馆的历史，讲述人们是怎样用图书馆完成经验与智慧的传承。图书馆的存在记录了人们的生活感知和经验、宗教教规及经典作品、不同王朝的政令、医学方法和手段，对人类文明的传承与发展产生了很大的影响。从这本书中你可以看到不同时代、不同国家及地区图书馆的功能、管理方法、藏书类型、编目方法，明白图书管理是如何开始演变成为一门科学。

这本书借鉴了许多考古学家、文化历史学家、书史学家的研究，参考学术期刊、专著和权威的历史记录，具有一定的科学性。这本书沿着历史的脉络讲解图书馆的变迁。你可以通过阅读还原不同时代的图书馆的样貌，明白随着技术的更替——如印刷技术和计算机技术——图书馆发生了哪些变化，收集和保存人类成就和想象力是其恒久的使命。如果你对世界历史感兴趣，且具有一定的历史知识储备，那你在阅读过程中会有更多的收获和感悟。如果读者年纪还小，对地理和历史了解比较少，阅读比较困难，也可以查阅历史书、地图等相关资料辅助阅读。

39.《阅读史》

作者：[加]阿尔维托·曼古埃尔

译者：吴昌杰

出版社：商务印书馆

出版时间：2002年5月

本书作者阿尔维托·曼古埃尔是极具天赋的作家、小说家、翻译家兼文集编纂者，在国际上享有盛名，获奖作品包括《天堂之门》《虚拟处所辞典》等。

《阅读史》既是曼古埃尔的个人阅读史，又是人类的阅读史。读《阅读史》，你能够了解曼古埃尔从4岁开始阅读、16岁在书店工作中偷偷拿书回家、给博尔赫斯读书两年等有趣故事，感受到作者自传式的文字中流淌着的对于阅读的痴迷。你还能够了解历史上各种名人对阅读的认识以及各种有趣的故事，比如在进入中世纪一段时间，由于当时的人阅读能力有限，写作者都会假定读者"听到"作品而不是"看到"作品；比如苏格拉底与菲德鲁斯讲解书写文字只能够使人想起他原本就知道的事；比如卡夫卡曾要求好友马克思·布洛德在死后烧掉自己的作品，原因是著作应当是未完成的，要留给读者想象的空间……读这本书还可以加深读者对于阅读的思考，提高阅读效能的方法有哪些；比如阅读形式的转变具有什么意义；再比如阅读与真实世界的关系等等。

本书相对简单易读，容易引起读者的兴趣，但它并不是真正意义上的"阅读史"，并没有经过严格的考证。读者可以通过阅读这本书，重新审视阅读，思考并理解阅读的深层次含义。但是整本书相对较厚，需要读者有一定的阅读基础，如果低年级的读者阅读有难度，可以挑选书中有趣的故事进行阅读，加深一下对于阅读的思考。

40.《书形：138种创意书籍和印刷纸品设计》

编著：王绍强

译者：江洁

出版社：中国青年出版社

出版时间：2012年2月

本书打破了传统的书籍设计方法，从书籍设计出发，收录了138种精美创意的书形和印刷制品设计，读者可以从触觉和视觉角度出发，体验各类印刷制品，包括书籍、手册、传单等各种创意设计带来的魔力。每一个案例都详细描述了材质、尺寸、出处。每个印刷品设计似乎都在轻声炫耀自己是如何美妙地融合了印刷工艺与纸张材质的特性。阅读过程既是一次美学的陶冶，又能让读者了解书籍涉及的工艺和方法。

书籍是人类进步的阶梯，对人类文明的传承和发展起着重要的媒介作用。抛却内容，书籍本身就具有艺术价值。当你在书店遇见一本设计精美的书时，不可避免地会被吸引，想要细细品味和把玩这本书。书籍作为一种印刷品，其设计本身就是一项极富挑战性的工作，它包含设计者在设计工艺、设计材料、设计理念、设计方法等方面的创意，是设计者的心血的凝结。回顾你的阅读经历，哪些书籍的设计曾让你眼前一亮？它们都包含哪些设计工艺呢？回答不上来也没关系，你可以尝试阅读本书，它不仅对专业从业者具有一定的指导意义，同时对于不了解印刷工艺的人来说，也是一本很好的启蒙书。本书的装帧设计也很精美，包含了很多艺术创意和现代印刷品的制作工艺。读者在阅读过程中，不仅可以了解印刷品设计的工艺，感受设计者的创意力，而且能得到一种美的享受。

41.《编辑力：从创意、策划到人际关系》（经典版）

作者：[日]鹫尾贤也
译者：陈宝莲
出版社：北京联合出版公司
出版时间：2017年4月

鹫尾贤也是一名有几十年编辑实战经验的日本著名出版人，从《周刊现代》编辑做起，历任讲谈社"现代新书"总编辑、学术局长、学艺局长、董事，现任讲谈社顾问，著有多部歌集和评论集。开创"选书技巧"书系，推出《现代思想的冒险家》（全31卷）、《日本的历史》（全26卷）等兼具学术及商业价值的出版策划案例。

本书共分为三部分12章，第一部分讲"编辑这一行"，界定了编辑需要具备的特质，论述什么是好的策划案，还原了编辑工作中常见的问题，提出了实用的解决方案，还介绍了日本的出版简史。第二部分是"编辑力核心"，从编辑工作流程出发，讲述了"策划与创意""约稿与构思""催稿、审稿与改稿""从校稿到出片""封面设计、书名与书腰""编辑与营销"各个部分的实操方法，直指内容本质。第三部分是编辑力与人际关系，指出编辑工作需要和人打交道，跟不同的人要扮演不同的角色，"对作者来说是读者的代言人，对读者来说，是作者的代言人"，时刻保持"想做一本好书"的初衷。最后本书还讨论了书籍的未来，虽然书的优势在逐渐瓦解，但是，书中所蕴藏的那种难以言喻的力量，使读书空间充满着无限可能。

这本书清晰易懂，直指编辑工作核心内容，还原真实的工作场景。它被称为"编辑的教科书"，具有非常强的实用性。还可以让读者洞悉出版行业的工作内容，增进读者对于编辑这个工作的了解程度，提高从业兴趣。

42.《书籍装帧创意与设计》

编著：杨朝辉、周倩倩、刘露婷
出版社：化学工业出版社
出版时间：2020年8月

本书分为书籍装帧设计概述、书籍装帧基本原则、书籍装帧设计的内容、书籍装帧的版式设计、书籍发展的多样性以及书籍装帧设计案例赏析等6章。书的编写遵循了"理论与实操"相结合的方法，在理论讲解的基础上，精选了世界范围内典型案例，从专业角度进行点评。除此之外，本书还精选了几百幅设计示范图，方便读者进行对比、学习、鉴赏。每章之后还附有针对性题目，让读者进行思考以及练习。此外设有额外的专题学习，可以让读者在书中得到理论加实操的综合性训练。读者在本书中能够系统完整地学习书籍装帧的知识。大量的图案示例及练习题还能够在一定程度上提升读者的思考能力、审美能力、操作技巧。书中还包含了近期获奖作品鉴赏、材料创新、形式创新等较新颖的内容，让读者能够紧跟书籍装帧设计前沿。

本书内容丰富，图文并茂，能够让入门者系统理解书籍装帧创意与设计的基本原理与方法；对书籍装帧设计感兴趣的读者，可以加深对书籍相关工作的了解，对书籍相关产业建立初步的认知。

43.《编辑人的世界》

主编：[美]杰拉尔德·格罗斯
译者：齐若兰
出版社：北京十月文艺出版社
出版时间：2019年6月

本书是关于编辑的艺术和技巧的书，它分为编辑理论课和编辑实务课两部分。作为一本编辑类的畅销书，它在全美出版业、写作课程和作家研讨会中得到广泛使用。作者邀请了美国不同方向的38名顶尖编辑从专业角度撰写编辑需要的特殊技能，文章务实，具有针对性。本书还选录了与编辑理论、编辑的社会责任以及编辑与社会的关系等富有启发性甚至争议性的文章，启发读者思考。

本书在理论部分通过《什么是编辑？》《美国编辑会对美国的社会、文化、经济产生哪些影响》《我们真的需要编辑吗》《和我最喜欢的经纪人共进午餐》《破灭的信念——一则出版寓言》等文章让读者能够从不同角度理解编辑的工作内容、角色、工作原则到底是什么。在实务部分又通过38个章节，讲解了如何审稿，如何参加作者会议，如何扮演谈判者，如何为某些特殊领域编书，策划、文字、文稿、助理等不同类型的编辑的工作内容和方法，犯罪小说、科幻小说、童书、传记、虚构与非虚构类等不同类型图书的编辑方法，还给读者提供了编辑出版的相关参考书目。这些内容丰富而极具指导性，能够帮助作者、编辑去了解编辑真正的工作内容、方法和原则。有的篇章以建议的口吻提供指导，有的篇章以讲故事的形式说明道理，有的以实际案例的形式给出方法论，读起来趣味性强。

手机

44.《手机媒体概论》(第2版)

作者：匡文波
出版社：中国人民大学出版社
出版时间：2012年7月

手机可以说是我们最熟悉的新媒体朋友了，几乎人人都有，须臾无法分离。然而，你想过手机能从理论上进行哪些论述吗？或者说，看上去如此日常、普通的手机，能在大学课堂里被新闻传播学专业的老师、同学们怎样探究呢？如果你对这些问题毫无思路，别着急，本书是国内第一部系统研究手机媒体的大学教材，是中国人民大学出版社策划出版的"21世纪新媒体专业系列教材"的重要组成部分。自2006年第1版面世后，由于手机发展日新月异，作者很快对全书内容进行了更新，于2012年出版的第2版书稿反映了当时国内外手机媒体研究的最新成果，然而今天再看，你肯定已经看不到任何"前沿性"，而只有"历史感"了。如本书的最后一章《手机媒体的未来》展望的是3G时代手机将取得的发展，而十余年后的今天5G技术都已经成为现实了。

本书是针对新闻传播学的专业教材，介绍给中小学生读者主要是：第一，想启发大家，生活中看似普通、平凡的事物，其实都蕴含原理和深意，值得我们认真思考及探索。第二，通过阅读这本在当时非常前沿，然而现在已经稍显过时的书，能让我们更切身地感受到技术发展的迅猛，从而激发我们对未来的想象。第三，本书除较为理论化的正文外，配有大量的"案例"和"知识窗"，这些栏目为读者提供了丰富的真人实事、背景知识，阅读正文有困难的小读者可以重点阅读这些趣味性强的部分。特别值得一提的是，为了引导读者与作者对话，激发读者更深层面的思考，本书专门设置了"你怎么看？"栏目，如"作者认为，一些所谓的'新媒体'其实只是'新出现的传统媒体'。你怎么看？""拍照手机的广泛运用是利大于弊，还是弊大于利。你怎么看？""作者认为中国的手机游戏市场蕴藏着巨大的潜力。你怎么看？"如果你对这些问题有自己的见解，不妨和身边的朋友进行一场头脑风暴！

45.《手机简史》

作者：党鹏、罗辑

出版社：中国经济出版社

出版时间：2020年5月

你是不是对手机的各种功能运用娴熟，堪称家里的手机专家？但你知道什么是BP机？什么又是小灵通吗？你是不是对现在市场上主要的手机品牌及其特点耳熟能详，如擅长播放音乐的OPPO手机，拍照技术一流的华为手机，以高配低价著称的小米手机……那你知道摩托罗拉、诺基亚、爱立信这些品牌的手机曾经多么风光无限、一机难求吗？打开本书，你将看到手机自1948年BP机雏形出现，直至2018年底我国正式进入5G时代，共半个世纪跌宕起伏、充满变数的发展历程。更重要的是，本书与主要立足于技术原理及科学研究的新闻传播专业教科书不同，主要从手机生产、研发相关企业的视角，运用市场经营、产品营销等原理为读者揭示众多企业如何不断加强手机的产品创新、技术创新，如何应对日益残酷的行业竞争，在产业方向上他们经历了哪些痛苦抉择，在市场营销和商业模式中他们又进行了哪些探索与突围。这些论述将帮助读者认识到手机对人类生活的形塑，不仅是技术特征的结果，商业逻辑、市场力量也在其中扮演着重要的角色。

与专业的大学教材相比，本书最大的优点是通俗易懂，史料丰富，视角独特。特别是全书开篇提供了从1948年直至2018年11月末，按年份梳理绘制的

"手机大事记"图表,能让你一目了然地了解手机发展全历程。根据作者的划分,手机发展已经经历了五个阶段,对于你不熟悉的"大哥大时代""诺基亚时代",本书能帮你补足空白,从而让你对手机如何演变为今天的样子有更完整、深刻的认识。同时,与平时我们从消费者的角度看待手机不同,本书能让我们转换视角从手机设计、生产企业的角度,了解众多企业是如何参与这场瞬息万变的竞争,而其中哪些企业把握住了机遇,如新星迅速崛起,彻底改变了我们的生活,而又有哪些企业如流星划过夜空,已消失得无影无踪。从商业视角了解手机发展的历程,无疑能为我们的思考提供新意。

46.《习以为常:手机传播的社会嵌入》

作者:[美]理查德·塞勒·林

译者:刘君、郑奕

出版社:复旦大学出版社

出版时间:2020年2月

如何解释人们对手机无法割舍的原因? 为什么打不通亲友的电话或信息暂时无人回复就会让我们感到不安和愤怒? 手机让我们期待随时随地与他人保持联系,而我们自己也被这种期待所束缚,这种矛盾应该如何解决? 本书正是一位社会学家对上述问题的回答。

作为社会学家,本书作者林自1996年起就一直致力于研究移动技术对社会的影响。与传播学者更关注新技术条件下传播内容及个体或小群体的使用经验有何变化不同,社会学者更关心技术对整个社会生产生活方式、礼仪规范的影响。为了让读者看到这种由技术创新引发的社会整体变革,作者在本书中详细回顾了时钟、汽车这些人们早就习以为常的技术嵌入社会并引发全社会为之改变的过程。相信这些历史经验会为读者思考手机带来的社会影响打开思路。

一种新技术要真正融入生活,绝不仅仅只是工程技术问题,就好比如果没有红绿灯、斑马线、人行道等交通标志及设施，也没有科学合理的交通法规，人们就不可能安全、有效地使用汽车。而世界上的第一部交通法规是在第一辆汽车售出十七年后才颁布的，美国的交通管理体系建立、社会礼仪完善更花费了几十年的时间。在机械时钟出现以前，人们是根据日出而作、日落而息的自然节律生活的。而时钟这项技术无论在东方还是西方，融入社会生活都花费了上百年时间。跟随作者对时钟、汽车这些彻底改变人们生活方式的技术融入社会过程的回顾、分析，相信能帮助你思考，手机要全面融入我们的生活还应解决哪些问题？当前，人们普遍担心的手机成瘾问题、健康隐患问题，究竟是手机的错，还是使用者的问题？期待大家从历史经验中汲取营养，使手机更好地为我们所用。

47.《劫持：手机、电脑、游戏和社交媒体如何改变我们的大脑、行为与进化》

作者：[美]玛丽·K.斯温格尔

译者：邓思渊

出版社：中信出版社

出版时间：2018年5月

本书作者是一位临床心理学博士，基于近20年临床医疗实践的发现，她怀着极为迫切的心情撰写了此书。具体说来，作者从三个互相关联又独立的角度讨论了"数字媒介"对人们的影响。

首先，从脑神经科学的角度向读者介绍"数字媒介吸引力"的成因，特别是通过脑电图扫描等诊疗手段，让读者看到长时间使用数字媒介会让"我们的大脑发生什么"，由此让大家认识到数字媒介的潜在危害。

接着，从代际角度讨论新技术进入家庭及社会通常会引发的问题，如老一代总是抱怨新一代愚蠢、粗鲁，而新一代总是认为老一代守旧、无知，但在数字媒介运用上如果大家总是坚持这种代沟思维，那我们就会忽略真正的重点，作者希望通过实例帮助大家摒弃成见，把思考的重心放在对数字媒介特点的科学认识上。

最后，对于人们究竟应该如何鉴别自己的成瘾程度并及时进行调整，以让自己回到健康的轨道上来的问题，作者提供了判别方法和矫正建议。

针对研究人员，作者在书中提供了被称为"科学角"的部分，详细介绍了相关案例及拓展资源等。如果你对这部分内容不感兴趣或理解困难，可以跳过，这无损于你对全书内容的把握。

尽管作者明确地提示我们数字技术有其危险的一面，但她写作此书并不是要大家放弃或抵制数字媒体。相反，针对发现的问题作者努力给出了解决建议。从人类历史来看，任何技术发明都是双刃剑，数字媒介必须被正确使用，才能真正成为我们生活的有益补充。

本书最大的亮点是作者借助自己的专业知识和临床诊疗经历，从神经科学角度探索了数字设备对大脑的影响，为读者揭示了网络成瘾、手机成瘾的发生机制及应对方法。这些极具专业性的内容对我们科学认识数字媒介的潜在风险，从而有效应对，提供了坚实基础。

48.《孩子与屏幕：教你引导孩子用好手机和电脑，和 iPad 时代的 Ta 一起健康成长》

作者：[法]让-费朗索瓦·巴赫、[法]奥利维埃·伍德、[法]皮埃尔·勒纳、[法]塞尔日·蒂斯隆

译者：李智铃

出版社：机械工业出版社

出版时间：2017年6月

通过与网络、电脑、手机二十多年的共同发展，绝大多数人都已经意识到

技术进步在带来诸多好处的同时，也确实会造成很多问题。历史经验告诉我们必须找到应用技术的正确方法，才能趋利避害享有技术进步的福祉。本书以儿童从出生到成年的身心发育阶段为基础，分别对两岁前的婴幼儿、2—6岁的幼儿、6—12岁的孩子以及12岁以后的青少年，在使用各种屏幕时可能出现的利弊进行分析，并针对其中的常见问题，如什么是"虚拟"，如何预防"暴力影响"，"关于屏幕上瘾问题"等，为每个年龄阶段的孩子提供了具体的指导建议。

尽管本书的目标读者是父母、教师、心理辅导工作者，但如果孩子能自主阅读，相信孩子能更好地理解家庭、学校甚至社会对儿童、青少年使用媒介进行管理的原因，从而更自觉地遵守所有要求。此外，广泛了解不同国家研究者的研究成果，能够启发读者认识到媒介成瘾等挑战并不是偶发的、个别的，而是全人类普遍面临的，这将有助于大家理解规范自身媒介使用行为的必要性。最后，虽然很多父母、学校甚至青少年都已经意识到了对媒介使用行为进行管理的必要性，但因缺乏专业知识，因此很难确保管理措施的科学性、合理性，本书能为大家提供有足够科学依据的指导建议。但尽信书不如无书，由于不同国家、不同家庭情况迥异，因此建议大家仅把书中内容作为参考，在具体实践中根据实际情况不断调整，最终找到适合本人、本家庭的具体策略。

电影

49.《世界电影史》(第2版)

作者：[美]道格拉斯·戈梅里、[荷]克拉拉·帕福－奥维尔顿
译者：秦喜清
出版社：中国电影出版社
出版时间：2016年4月

这是一本适合初学者入门的电影史教材。作者介绍了自1895年电影诞生到2010年的电影发展情况。全书共分四个部分，包括无声电影时期（1895—1927）和有声电影时期（1928—2010）。其中，在有声电影部分，作者又以技术的进步作为节点，将该部分历史划分为三个阶段：1928—1950年，电视出现前的电影业；1951—1977年，电视出现后的电影业；1978—2010年，互联网和数字技术出现后的电影业。

研究世界电影发展史的学者非常多，不信你在互联网上搜搜，仅以《世界电影史》为名的书籍就不下10本。虽然大家都叫《世界电影史》，但由于这个概念特别宏大——既跨越了上百年的时间，又囊括了全球的范围，所以不可能有哪本书完全涵盖所有电影的历史分析，一定会有侧重。道格拉斯·戈梅里和克拉拉·帕福－奥维尔顿合著的这本《世界电影史》也存在这个问题。这本书的优点是条理清晰，语言简单易懂；缺点是用大量的篇幅叙述好莱坞的剧情电影，而极少关注其他地区、类型的电影。如果你初入电影领域，这本书可以帮你快速且轻松入门，因为好莱坞的影片是大家最熟悉不过的；但如果你想在此领域深耕，就要搭配着其他电影史书籍阅读，这样你才能更深刻、准确地理解世界电影发展史。

50.《闪回：电影简史》（插图第6版）

作者：[美]路易斯·贾内梯、[美]斯科特·艾曼

译者：焦雄屏

出版社：世界图书出版公司

出版时间：2012年7月

本书记叙了自1890年到21世纪，100多年来美国电影的发展情况。该书以十年为一个单位进行叙述，将主要电影人、电影运动和重要代表人放在其声望最高的那十年里。

路易斯·贾内梯深谙类型电影及美国片场制度。为此，在本书中，他犀利评价了电影与社会的互动关系，这是本书的精华所在。贾内梯认为，一个国家的社会史可以通过电影明星反映。就美国来说，约翰·韦恩长时间占据美国票房最高明星榜榜首。他演绎的形象极具男子气概，非常爱国，讲求牺牲自我，代表了美国的一种价值观：自信、威严、我行我素。

本书是一本精炼的电影史，语言通俗易懂，可以让初学者轻松掌握电影基本术语和概念，特别适合作为入门书籍阅读。

本书最大的优点是启发受众思考电影与社会的互动关系。为此，作者在每章开头处，都罗列了该章所探讨的那个十年社会大事和电影界大事，以便读者可以对照着看。阅读时，可以先着重比对大事年表，再看具体内容，这样的阅读方式会更易于你理解政治、社会、文化和电影之间的关系。

需要注意的是，虽然在本书内，路易斯·贾内梯也涉及了除美国以外，其他国家或地区的电影。但明显可以看出，贾内梯对于别国的电影不够熟悉，尤其是对亚洲电影非常陌生。为此，建议你跳过这些内容，重点看书籍中关于美国电影的介绍。

51.《中国电影通史》（全2册）

作者：丁亚平
出版社：中国电影出版社
出版时间：2016年10月

本书的作者丁亚平是我国最早的两位电影学博士之一，他的学术个性鲜明，史料解读功底深厚，最为难得的是，他身上肩负着电影史学工作者的责任感和使命感。"如何写出一部有自己特点的电影史，以丰富人们对中国电影的认识"一直是丁亚平努力的方向，而这部全两册的《中国电影通史》就是作者思考的结晶。

本书分为上下两册，共120余万字，记录了自1896年电影在我国出现到2010年代，中国电影的发展情况。本书以时间段为纲进行编排，全书共10章，梳理了各个时期的电影人和影片，清晰地呈现出中国电影历史发展的基本线索。

认真研究这120年来中国电影的发展历程具有重要价值，它既可以帮助读者很好地了解我国电影的发展演变轨迹；又可以透过历史洞悉未来，对今后电影的创作和发展走向提供良好的指引。

和之前推荐的两本电影史书不同，这是一本专门介绍中国电影发展历史的书。作者写得很精彩，辞藻优美，情感上也跌宕起伏。通过阅读本书，你可以了解中国电影的起源，了解各个时期的影片以及很多电影人的故事与生命历程。尤其是本书的第1册，作者介绍得很全面，你能从中很好地了解中国早期电影的发展演变。

如果你阅读这种大部头有困难，建议你先浏览本书的附录"中国电影影片目录"，然后挑感兴趣的影片看看，也会增加你对中国电影史的理解。

52.《认识电影》(修订第14版)

作者：[美]路易斯·贾内梯
译者：焦雄屏
出版社：浙江文艺出版社
出版时间：2021年5月

美国电影业十分发达，但大众的电影知识非常匮乏。大众看电影时，价值观不知不觉地被电影塑造，而他们对此还一无所知。为了帮助大众了解电影及整个电影产业，路易斯·贾内梯创作了《认识电影》一书。贾内梯对此书非常重视，他每三四年就会对该书做一次修订，包括增加最新电影及其剧照，更新书中的参考书籍等。截至目前，该书已修订了14个版本。

这本书从电影理论的典型视角出发，简明扼要地评论了电影艺术的方方面面。该书以"现实主义－形式主义"分立的架构形式呈现，每章独立出一种语言系统和电影人常用的表意技术，以便读者分章阅读，而不需从头至尾阅读。全书共分12章：前11章，作者围绕电影制作的核心要素组织架构，分摄影、场面调度、运动、剪辑、声音、表演、戏剧、故事、编剧、意识形态、理论等板块介绍不同风格的电影如何运用不同的视听元素。第十二章，作者以美国电影史上最著名的影片《公民凯恩》为例，从上述11个视角对影片做了系统而全面的分析，以便读者能活学活用。

《认识电影》是一本经典的电影入门书。作者深入浅出地介绍了影视传播的手法，并逐项解析其复杂的语言系统与要素。该书一经出版，深受世界各地电影爱好者和从业者的推崇，并成为电影人的必读书目。

如果你对电影完全零基础，建议你先阅读本书的第十二章。作者从11个视角对《公民凯恩》这部电影进行分析，而这11个视角正对应了本书前11章的主题。你可以对照着《公民凯恩》的影片阅读这个章节，这能加深你对作者观点的理解。如果你发现自己对哪个视角很感兴趣，再去书中寻找相关章节继续阅读。另外，本书的最后，作者贴心地为电影初学者准备了"词汇表"。该"词汇表"极其丰富。阅读它，你可以快速掌握电影领域的专有名词。

53.《改编的艺术：从文学到电影》

作者：[美]约翰·M.德斯蒙德、[美]彼得·霍克斯

译者：李升升

出版社：世界图书出版公司

出版时间：2016年3月

半个世纪以来，太多太多的文学作品被改编为影视剧。从20世纪八九十年代的四大名著，到金庸、古龙的武侠小说、琼瑶的言情小说，再到近年来的网络文学等。影视作品改编得好，会增加受众阅读原著的兴趣，如近些年大热的《琅琊榜》《开端》就是这样的代表；作品改编得不好，会出现"一片毁经典"的局面，引发"原著党"和"改编党"的争论，这点从《三体》改编之坎坷就能有所领悟。那么，应该如何对文学作品进行改编？又该如何判断一部影视作品是否改编成功了呢？《改编的艺术：从文学到电影》给了很好的回应。

这是一本方法论图书，作者探讨了文学与电影之间的关系，并以《马耳他之鹰》《杀死一只知更鸟》《记忆碎片》等著名影片为例，对比分析了它们的原著小说、剧本和改编电影，以期帮助读者了解改编的原则和过程。

阅读本书，你能了解不少与改编有关的专业术语，如紧密型改编、中型改编和松散型改编等；还能掌握一套行之有效的电影改编策略，从而学会如何将小说、戏剧、非小说文学、动画片等文学作品改编为影视剧。尤其建议你好好阅读全书的第六、七章，你可以运用其中的策略和方法，将世界名著改编为影视剧本，顺利地完成项目任务。

对于初次了解电影改编流程的人来说，这本书很重要。它通俗易懂地分析

了文学和电影两种语言的特点——文字意涵丰富，电影注重明确。读完此书，你会知道将文学改编为影视作品时，需要着重注意的问题。哪怕你将来不打算走上编剧这条路，读此书也不浪费。其中的一些知识，对你日后批判性地观看、评价影视作品都会有帮助。

54.《微电影剧本创作实录与教程》

作者：李宇宁

出版社：清华大学出版社

出版时间：2019年6月

微电影剧本的格式是什么？创作微电影剧本时，应该注意哪些事项？有没有成熟的微电影剧本可以供我们参考？如果你已经开始动手完成"为世界名著拍微电影项目"，很有可能会问到这三个问题。

别着急，《微电影剧本创作实录与教程》可以一一回答。这是一本帮初学者学习微电影剧本写作、掌握微电影制作经验的书籍。虽然它叫"教程"，但是别担心，它读起来并不枯燥。作者采用了语文老师教学生写作文的方式来教读者写微电影剧本。首先，作者会告诉你剧本创作的原则与策略；其次，作者会给你看一些存在不少问题的学生作品，并给你分析这些问题的根源；最后，作者还会给你正确的示范，让你可以按照正确的格式、内容进行仿写，最终学会微电影剧本的写作方法。

如果你对剧本写作很感兴趣，建议你通篇阅读；如果你只想了解微电影剧本的范式，以完成项目任务，那建议你着重阅读书籍的第二章《一部完整的剧本范例》，作者在本章中呈现了微电影《成都故事》的完整剧本。另外，在书籍《前言》中，作者还提供了《成都故事》成片的下载二维码，你可以对照剧本和影片观看，思考二者的差异，理解剧本作为"半成品"，在电影制作过程中起到的重要作用。

55.《微电影制作人手册》（全2册）

作者：[英]克里斯·琼斯
译者：林振宇、刘静、王大为
出版社：中国广播电视出版社
出版时间：2013年3月

和常见的教大家怎样拍电影的书籍不同——那些书籍主要探讨的是如何写剧本、拍摄和剪辑影片等。本书探讨的话题更多：比如，你该如何组建一个电影公司或组建一个剧组；你该如何做导演、助理导演和制片人；制片组、摄影组都是做什么的；甚至连拍摄电影过程中，你应该如何解决餐饮问题，本书都给了具体的指导。

除了这些基础知识和基本技能以外，本书最大的价值，就是可以在电影拍摄前和拍摄过程中，帮助你建立一个良好的心态。作者指导过很多初学者拍电影，他非常清楚，勇气和良好的心态是电影人能够成功完成电影的重要条件。在拍电影的过程中，你会经历巅峰，也会陷入低谷，那些痛苦是必经之路，只有承受过去了，你才能成长为一名杰出的电影人。

你可以通过此书了解电影拍摄的全貌。虽然，本书的很多配图看起来有些过时，但如果你仔细阅读书中的内容，你会发现这本书仍然具有很强的指导意义。正如作者在前言中所说，世界发生了翻天覆地的变化，科技的发展彻底改变了电影制作的面貌。但是电影拍摄的核心没有变，电影人仍然需要一个好故事和出色的讲述技巧，需要一张日程表告诉电影制作团队的每个角色都应该去哪儿。

如果你有时间、精力，当然可以从头到尾阅读本书，你将会有很多收获，比如了解很多关于电影制作的名词、知识，了解很多与电影有关的文书模板等。但如果你时间精力并不充裕，我建议你分两步阅读本书：首先，阅读该书的目录，看是否有感兴趣的篇章，着重阅读这些内容；其次，你可以把这本书当作速查手册。在拍摄电影的过程中，如果遇到相关问题可以来查一查，大概率能得到解决方法。

56.《演员自我修养》

作者：[俄]斯坦尼斯拉夫斯基
译者：刘杰
出版社：华中科技大学出版社
出版时间：2015年6月

20世纪以来，全球有三个著名的戏剧团体，对世界产生了重要影响。这三个团体分别是：以苏联戏剧家斯坦尼斯拉夫斯基为代表的莫斯科艺术剧院；以德国戏剧家布莱希特为领导的柏林剧团和以中国戏剧大师梅兰芳为代表的京剧艺术家群体。这三大团体创造的戏剧艺术，各有千秋。其背后蕴含的戏剧观念和美学思想也各不相同。为此，后人总结了这三大流派的戏剧观，并把他们称作"世界戏剧三大表演体系"。

作为"世界戏剧三大表演体系"之一，斯坦尼斯拉夫斯基的思想和训练方法，对我国戏剧表演艺术影响深远。梅兰芳曾多次与斯坦尼斯拉夫斯基交谈，并给予其理念高度评价；周星驰在影片《喜剧之王》中，也致敬了这部伟大的作品。

《演员自我修养》是斯坦尼斯拉夫斯基创作的戏剧理论著作，是其生前最后的作品，可以说，该书囊括了大师的戏剧理论精华。大师认为，艺术是生活的真实反映，演员不是"表演"角色，而是"体验"角色；想要成为一名好演员，必须刻苦钻研理论和技术，两者不可偏废。为此，该书共用两卷来介绍演员表演技巧训练途径，第一卷论述的是如想象、情绪记忆等演员的内部体验过程，第二卷论述的是如形体、言语、台词等演员的外部体现过程。

这本书虽然以对话体的形式呈现，但对完全没有演艺经验的人来说，理解起来仍有一定困难。没关系，你只要先记住有这样伟大的戏剧大师，有这样一本阐述其理念的巨作即可。等你未来真正踏上演艺之路后，再细致钻研，感悟大师所谓的"体验艺术"。

57.《镜头的语法》（插图修订第2版）

作者：[英]罗伊·汤普森、[美]克里斯托弗·J.鲍恩

译者：李蕊

出版社：北京联合出版公司

出版时间：2017年9月

语法是了解一门语言的关键。回忆一下，在刚开始学习英语或其他语言时，你是不是学习了很多语法知识：小到单词，如名词、动词、形容词等；大到句子，如陈述句通常由主语＋谓语＋宾语构成，这些都是语法。镜头也是一样的，作为一门"视觉语言"，它当然也有自己的"语法"。比如你可能听说过，常见的景别一共五种，远景、全景、中景、近景、特写，这就和名词、动词、形容词一样。那么你知道剪辑一段影片时，你应该如何组织这些景别吗？就像主语＋谓语＋宾语构成了陈述句一样，不同的景别放在一起，呈现的画面、表达的含义是不同的。

那么，我们应该怎样快速学习镜头的语法呢？《镜头的语法》这本书，为电影爱好者、初学者了解镜头语言提供了很好的方法论。它是一部经典的、非常适合电影初学者入门的书籍。这本书不长，也就200页，如果你感兴趣，可以通篇阅读，系统了解与镜头有关的专业词汇；如果你时间有限，可以把这本书当作速查手册，碰到与电影有关的专有名词时来查一查，便于你快速理解它们是什么意思。另外，建议你好好看看书中的150余幅插图，这些图是作者特意聘请插画师创作的，目的是生动直观地呈现镜头语法的细节。毕竟，镜头语

言本身就是一门视觉语言，用图片的方式说明要比用文字的方式清楚多了。

58.《音效圣经：好莱坞音效创作及录制技巧》（插图修订版）

作者：[美]里克·维尔斯

译者：王旭峰、徐晶晶、孙畅

审订：姚国强

出版社：北京联合出版公司

出版时间：2016年6月

本书的作者里克·维尔斯是美国电影电视业最重量级的音效设计师，他也被认为是全球最大的独立音效提供商，拥有超过15万种音效的版权和150多个音效库。他的音效作品被广泛应用于电影、电视剧中，热门美剧《英雄》《绝望主妇》等都用过他的音效作品。

本书总结了里克·维尔斯多年来在音效领域的实践经验，内容涵盖从音效设计、录制到后期制作的各个环节。作者用一个个有趣的小故事，如电影中暴力镜头的音效竟然是通过一堆蔬菜模拟出来的，猪叫经过处理可以变成科幻音效等，事无巨细地介绍了音效工作中种种或实用或有趣的细节。在书中，作者还系统阐述了如话筒、录音机等录音设备，讲解了"录音十诫""声音剪辑十诫"等音效设计、制作中要遵循的重要原则。里克·维尔斯把此书看作"给下一代声音采集者的礼物"。

这是一本介绍音效艺术的百科全书，也是一本为音效工作者打造的高效工作手册。阅读该书，你将至少在以下三个方面有所收获：

第一，作为影视剧作品的观众，读完本书，你会开始关注作品中那些低调却不可或缺的声音，给自己增加一个欣赏、评价影视剧的维度。

第二，如果你对音效感兴趣，想试试成为一名"声音采集者"，制作属于自己的音效，该书会从如何购置设备开始，手把手地教你方法。

第三，如果你未来想成为一名"音效工作者"，该书还能让你了解到音效工作者的工作环境、工作内容、工作状态和职业特点，帮你早做准备，提前规划好一条成长之路。

59.《剪映视频剪辑从小白到大师：电脑版》

编著：龙飞
出版社：化学工业出版社
出版时间：2021年7月

剪映是一款视频编辑工具，因其具有丰富的剪辑功能，标榜"轻而易剪"，并支持在手机、电脑等全终端使用，而深受大众喜爱，已成为非专业人士最常用的视频编辑软件。

本书主要以剪映专业版为操作平台，介绍视频剪辑的基本方法。书中收录了大量爆款短视频作品，作者结合这些作品和自己的实战经验，体系化地讲解了68个实用性超强的视频制作技巧，以帮助零基础的读者快速掌握。

过去，视频制作是专业人士才能做的事。而现在，随着媒介的普及和互联网的发展，视频制作已走下神坛，成为每个普通人都可以尝试的表达方式。2017年，教育部出台的《普通高中语文课程标准》，已将"跨媒介阅读与交流"作为一个重要的任务群，要求学生掌握。这说明，可能在不久的将来，视频制作就会如同识字、写字一样，人人都要学习。所以，尽早掌握视频编辑技巧，对你的生活、学习都非常有益。

市面上教授视频编辑的书很多，《剪映视频剪辑从小白到大师：电脑版》只是其中的一本。之所以推荐该书，是因为：第一，本书介绍的视频编辑工具"剪映"是目前非专业人士使用的主流视频编辑软件，它简单易学，但又功能丰富；第二，该书系统介绍了视频编辑方法，文字表达不清的地方，作者还以二维码的形式提供了视频教程，以便读者能更好理解。

60.《短视频：策划、制作与运营》

编著：郑昊、米鹿

出版社：人民邮电出版社

出版时间：2019年7月

短视频在我们的生活中随处可见。由于短视频有紧凑的节奏、氛围感满满的背景音乐，UP主（视频上传者）引人入胜的配音而深受广大观众喜欢，已成为个人、组织常用的宣传推广工具。一个人如果能很好地掌握"短视频"这一流量密码，那么无论是在学校策划各种活动，还是在未来求职写简历，甚至在日后工作中，都一定会获得更丰富的资源和机遇。

那该如何学习"短视频"的相关知识呢？什么样的短视频内容、形式能传播得更广？什么样的更新频率、营销方式能吊住观众的胃口？……郑昊、米鹿编著的《短视频：策划、制作与运营》就在回答以上问题。

《短视频：策划、制作与运营》是一本"一站式"学习短视频相关技能的书，本书从短视频的基础知识到策划、拍摄、制作过程，再到运营和变现，手把手地教你如何踏入这个异彩纷呈的世界。阅读本书，你可以了解主流短视频平台的发展历程；可以掌握运镜、转场、添加字幕等视频制作的方法；可以独立打造属于自己的短视频矩阵并知道如何利用算法获取更多流量。相信本书课本式的编排一定会给对短视频行业充满兴趣的你带来实质性的启发。

61.《十年一觉电影梦：李安传》

编著：张靓蓓

出版社：中信出版社

出版时间：2013年4月

节假日里如能与亲朋好友一起去看场精彩绝伦的电影，那无疑是令人喜悦的。和小伙伴们一起组队，过一把自己拍电影、做短片的瘾，那也是让人开心的。可要是以拍电影为职业，换句话说靠拍电影为生，那是不是一件美差呢？

如果你想了解一个人怎么能当上全职导演？全职导演的工作、生活有哪些喜怒哀乐？那本书无疑是你的最佳选择：在书中，享誉全球的华人导演李安，对自己如何从懵懂孩童一步步成为职业电影人，并最终拨云见日取得辉煌成绩的曲折历程进行了真诚讲述。

对于各行各业的成功人士，我们总是更容易看到他们成名后的光辉，而不太容易了解他们都做了哪些努力才能有此成就。李安导演也一样，他的人生并非一帆风顺。事实上，你打开本书就会看到，原来李安在选择自己的大学专业、人生道路时，也经历过迷茫、纠结。特别是他与父亲的巨大分歧，直至他获得奥斯卡奖也依然无法化解。而李安去美国留学纯属偶然，尽管对电影的喜爱，让他慢慢明确了方向，但毕业即失业，李安至今都想不出自己是怎么熬过毕业后在家待业6年的"恐怖时光"的……相信李安导演的人生经历，能让正面临各种人生选择的你获得启发。

62.《感动，如此创造》

作者：[日]久石让

译者：何启宏

出版社：中信出版社

出版时间：2012年4月

久石让是日本首席电影配乐大师，他是一名优秀的商业作曲家，又是一名充满情怀的艺术家。如果你熟悉宫崎骏的动画电影，那应该对久石让并不陌生。作为宫崎骏御用的配乐师，久石让的音乐经常出现在宫崎骏导演的电影作品中，《天空之城》《千与千寻》《菊次郎的夏天》……你都能听到久石让的动人音乐。

《感动，如此创造》一书是久石让以第一人称撰写的，可以说是大师的音乐自传。在书中，久石让记录了自己多年来在音乐实践中的经历以及他对音乐创作的各种想法。全书共6章，作者开宗明义地介绍了"创造的两种态度"——一种是"艺术家的态度"，另一种是"商业人士的态度"。作者坦诚地告诉读者他是如何从"只从艺术的角度创作音乐"转为秉承"商业人士的态度"来创作电影配乐的。随后，久石让介绍了自己从事电影配乐的经验以及他对日本、韩国、中国等地电影工业的理解。

本书是久石让总结个人音乐理念的一本想法簿。他以谈话般质朴的文字记录了自己许多有趣的想法和独特的经历。通过阅读本书，你可以了解久石让这位著名的电影配乐人：了解他的所思所想，了解他如何理解"创造"，了解他音乐灵感的来源以及他的生活状况……你会惊喜地发现，久石让的音乐理念并不仅仅适用于音乐，也适用于其他类别的艺术，甚至可以升华到人生哲理的高度。

如果你也怀揣着一个音乐梦，那么久石让的记录可以让你对这一行业有更加深刻的感受；即使你未来不想成为一名配乐家，了解久石让的个人经历也能帮助你更好地欣赏他的音乐作品。

广告

63.《广告概论》

主编：金秋月
出版社：华中科技大学出版社
出版时间：2015年8月

说起广告，你一定不会陌生。但如果告诉你广告是一门专门的学问，不少大学里设有广告学院或广告学系，如果你选择广告作为大学专业，可以从本科一直读到博士，你会不会感到吃惊呢？看上去如此常见，有时甚至惹人心烦的广告有什么可"学"的呢？

本书正是众多广告学专业本科入门教材中的一本，翻开目录你会看到，围绕"广告"可讨论的议题还真不少，如《广告的概念》《广告的分类》《广告学的研究对象及研究方法》《古代广告》《近现代广告的发展》《现代广告的发展》，还有《广告学与心理学》《广告学与市场营销学》《广告学与社会学》以及《现代广告业》《广告基本原理》《广告运作规律》等。

广告作为一种特殊的传播活动，不仅是现代商业社会的重要组成部分，而且对传媒业的生存及发展也起着举足轻重的作用。但长久以来，由于广告过于常见，导致人们常常忽略对其深层机制、运作原理、社会影响等内在问题的关注和思考。我们特别设计了供读者实践体验的广告设计和制作项目，希望借此激发读者探究广告相关议题的兴趣。

读者若试图探索广告学的相关问题，本书是非常合适的帮手。虽然以广告学原理为主题的教材汗牛充栋，但经过比较，我们发现本书是其中体系最为简明、详略最为适宜的版本。全书正文只有126页，特别适合初学者初步了解广告学的基本内容。此外，在介绍"广告信息的构成及传播规律"时，本书是结合案例，并按照广告公司的实际运作流程组织内容的，这非常有利于想进行广告设计和制作实践的读者按部就班、逐步体验。

就算你还没有进行实践的打算，如果通过阅读此书能帮助你更好地理解广告产生、发展并无处不在的原因，从而让你成为更理性的消费者，那也是非常有益的。

64.《公益广告概论》

主编：杨琳、李亦宁
出版社：西安交通大学出版社
出版时间：2019年11月

仔细回想我们见过的广告，你会发现虽然绝大多数是以推销为目的的"商业广告"，但也有什么都不"卖"的广告。比如，呼吁大家珍惜粮食，文明就餐的；或者倡导大家节约用水，保护资源的；再比如警示人们不要酒后驾驶，注意交通安全的。这些不以营利为直接目的，通过各种形式引导公众关注某一社会问题，培养社会公众的公共意识和人文精神，从而宣传维护公共道德，规范民众言行，促进树立良好社会风气的广告，有个专门的名字叫做"公益广告"。

既然前面介绍了广告有专门的"学问"和"教材"，那么公益广告是不是也有自己的"理论"和"专著"呢？坦白地说，公益广告虽然具有巨大的社会意义及价值，但目前在我国的发展仍处于起步阶段。本书是我们找到的唯一一本以"公益广告"为主题的专业教材。

设计、制作公益广告，促进学校、社区的精神文明建设，是非常适合中小学生定期开展的媒体实践活动，不仅有利于中小学生通过实践学习媒体的相关知识，更能启发学生积极主动参与传播实践，行使自己的传播权利。当你努力完成公益广告设计和制作任务时，可以重点参考本书的第四、第六、第八及第九章。具体顺序可以从第九章《经典公益广告案例解析》入手，先对公益广告特点及规律形成感性认识；然后详阅第四章《公益广告创意与表现》，在相关原理指导下进行公益广告创作；接着阅读第六章《新媒体公益广告》，重点思考如何运用社交媒体、手机、网络等新方式、新渠道高效开展公益广告传播活动；最后可以看看第八章《中国元素与公益广告》，努力将中国传统文化融合到公益广告创意中，不仅让广告特色鲜明，同时也能学习、传承中国文化，一举多得。

65.《中外广告史》（第2版）

作者：何玉杰
出版社：中国人民大学出版社
出版时间：2020年9月

当你意识到广告并不简单，它不仅有复杂的分类和不同的目的，每种广告也都有各自产生的原因和发挥作用的机制，而这如果激发了你进一步学习关于广告知识的兴趣，那你可以从了解中外广告发展的历史入手。前面探究杂志、书籍、手机、电影等领域时，我们也为大家推荐了介绍这些媒体各自历史的书籍，广告作为重要的媒介分支，无论在我国还是在其他国家或地区都有着悠久的历史。

本书是众多针对广告学专业大学本科学生的广告史教材中的一本。推荐此书是因为它结构清晰，内容丰富，史料翔实，图文并茂。具体说来全书分为"中国广告史"和"外国广告史"上下两篇，为想了解广告全球发展历史的读者提供了线索清晰、经纬全面的导览。

古人云，以铜为镜，可以正衣冠；以史为镜，可以知兴替。学习历史的重要作用在于帮助我们将零散、偶发的事件串联起来，从而发现具体事件背后的深层规律，因此学习历史是每个专业领域的学习走向深入的标志。如果你通过阅读此书，能发现在不同历史时期、不同国家和地区，看上去丰富多彩、差别迥异的广告之间有某些联系，那你一定是同龄人中的广告专家了。

此外，如果你对学习某个领域的历史如饥似渴、欲罢不能，那么恭喜你，你很适合将这一领域作为自己的大学专业进行深入学习。但同时，如果你发现自己目前对某个领域的历史不感兴趣，那也不遗憾，建议你努力寻找感兴趣的领域就好。期待你以历史为试金石，早日找到自己钟情的专业领域。

66.《广告：创意与文案》(第11版)

作者：[美]威廉·阿伦斯、[美]迈克尔·维戈尔德、[美]克里斯蒂安·阿伦斯

译者：丁俊杰、程坪、陈志娟

出版社：人民邮电出版社

出版时间：2012年9月

尽管电影开演前密集的贴片广告，以及精彩电视节目中没完没了地插入广告，经常让人没什么好心情，但确实有一些广告让人眼前一亮，甚至拍案叫绝。比如，M&M's巧克力豆的那句著名的"不溶在手，只溶在口"[①]，不仅反映了M&M's巧克力糖衣包装独特，而且暗示了M&M's巧克力口味美妙，以至于人们不愿意使巧克力在手上停留片刻。再比如，农夫山泉刚上市时，以一句"农夫山泉有点甜"让人耳目一新，迅速打开了市场。后来他们又提出"我们不生产水，我们只做大自然的搬运工"等金句，不仅突出了农夫山泉的生产方式，同时凸显了其产品品质。那么，这些极具创意、效果显著的广告是如何诞生的呢？

本书正是为你揭秘广告是如何从无到有的专业书。全书共3章。依次介绍了创意战略与创意过程、如何通过艺术与文案实施创意，以及印刷、电子和数字媒介的广告制作方法及技巧。

---

① 是著名广告大师罗瑟·瑞夫斯（Rosser Reeves, 1910—1984）的灵感之作。

创造力无疑是好广告的前提，事实上创造力在任何领域都至关重要。相信你也非常想提高自己的创造力。可是创造力看不见、摸不着，一直以来人们都缺乏培养、提升创造力的方法论。本书特别值得细读的地方在于，作者在第一章详细介绍了创造力的定义，并随后给出了锻炼、提升创造力的具体步骤及方法。即使你将来并不打算专职从事广告设计，但对这部分内容的学习也一定会对你有长久的助益。

此外，如果你想尝试设计和制作广告，那么本书附录中提供的《营销计划大纲》《广告计划大纲》能让你以最专业的方法，高效地完成任务。

67.《文案发烧》

作者：[美]路克·苏立文
译者：赵萌萌
出版社：中国人民大学出版社
出版时间：2010年12月

虽然广告吸引人们注意，达成传播目标的手段、要素很多，如通过色彩、形象、音乐、音效等引发人们的联想，营造某种氛围，但正如本书的推荐序作者指出的那样："失败的广告往往是由于缺乏一种最基本的技能——找到精准的语言。只有用适合的语言去撰写你的创意，以具有说服力的语言去讲解你的创意，才有打造成功广告的可能性。"而如何写出精准的广告用语，正是本书的主题。

撰写广告文案的指导原则和正确流程是什么？怎样有效地激发自己的灵感和创意？遇到棘手的客户应该怎么办？如果想要进入广告界，你应该做哪些准备？本书作者路克·苏立文通过他风趣易懂的语言给你答案。跟随本书的指导，你不仅能快速提升广告文案创作水平，更能让你从一种全新的视角出发看待生活中随处可见的广告。当你在被如影随形的广告骚扰时，相信这种站在创作者立场的新视角可以让你换种方式欣赏广告、理解广告，并从中体会创意的乐趣。

当你需要为班级、学校活动设计宣传海报的时候，可以参考本书中介绍的原则，做出一份精彩的宣传海报。如果你在经营自己的公众号、视频号或在网络上发布自己的画作或小说，可以试着依据本书的指导为自己的作品设计一份广告并发布在自己的社交媒体上，有条件时还可以尝试打印张贴出来。

此外，如果你未来想从事广告业，本书第四部分《假如你想成为广告人》会为你提供诚恳、睿智的指导。

68.《广告设计：从入门到精通》

编著：陈根

出版社：化学工业出版社

出版时间：2018年5月

通过精准的广告文案为广告确定灵魂后，设计师就得使出浑身解数，特别是通过视觉、听觉的刺激，让广告魅力十足了。然而，要想设计出成功的广告，还是有很多门道及规律的。符合规律就能事半功倍，要是任意胡来，那很有可能适得其反。那么，怎样才能从小白到专家，成为广告设计的行家里手呢？

本书就是以提高读者的广告设计、创作能力为目的编写的。

本书全彩印刷，案例丰富，如果你觉得论述原理的内容不好懂，那直接逐一详阅书中的案例和相应的"设计阐述"即可，相信见多识广的你即使一时半会儿还不会设计、创作广告，但你品鉴、点评广告的能力一定有大幅提升。当你的感受能力、分析能力以及审美能力都不断提升时，你的创作灵感也会不请自来。

通过阅读此书，相信你会感受到美术学、艺术学、心理学等学科的重要价值，从而激发你学习相关知识的兴趣。同时，你也会更了解人的认知特点。虽然我们不断学习知识，努力提升理性分析等能力，但视觉冲击、感性认识仍然在我们的生活中发挥重要影响。基于这些理解，相信你能更成熟地与生活中的广告共处，让广告更好地为你的生活服务。

69.《世界广告经典案例——经典广告作品评析》（第2版）

主编：胡晓云

出版社：高等教育出版社

出版时间：2012年3月

再多的原理、原则、技巧，终是纸上谈兵，如果做不出好作品，其价值就十分有限。那是否能从已经获得市场认可及业界肯定的优秀作品出发，通过比较分析让人们体会到做好广告需要遵从的规律呢？本书主编胡晓云博士也想到了这个思路，2004年编写出版了本书的第一版。书籍一经面世，就得到了众多高校师生、业内人士的欢迎和肯定。但由于我国经济发展迅速，社会生活日新月异，对书稿进行全面修订变得日益紧迫。2012年本书的修订版正式出版，修订后的书籍从编写体例、内容侧重点、行文逻辑等方面都发生了明显变化。

如果直接阅读广告原理、历史、设计原则等书籍对你来说有困难，那选择从本书入手，由实践成果倒推原理、法则，不失为另一种巧用逆向思维的学习方法。事实上，在任何领域，理论与实践都好比车之两轮、鸟之双翼，无论从哪一端入手都没问题。只是在学习中你需要随时提醒自己，理论与实践需要齐头并进、协调发展，不可偏颇。

此外，本书收录的广告作品，大多是我们耳熟能详的。在阅读作者鞭辟入里、极具启发的评析时，你可能经常会发出"哇！我怎么没想到！""哦！原来是这样！"的感慨。即使你将来并不打算成为专业的广告人，但这种在平凡中见神奇的体验，也一定能提升你的感受力、分析力，从而激发你对生活的好奇、对思考的渴望。

70.《奥格威谈广告》

作者：[美]大卫·奥格威

译者：高志宏

出版社：中信出版社

出版时间：2021年5月

大卫·奥格威是现代广告业的大师级传奇人物，有"广告教父"之称。说他传奇是因为1911年出生于英国西霍斯利的奥格威，虽然有机会去牛津大学学习，然而他因为成绩太差被退学。他称这段经历"是我一生中一次真正的失败……我本可以成为牛津的一颗明星，但是却因为屡次考试不及格而被轰出了校门"。之后，奥格威辗转于法国、美国、英国多地，做过见习厨师、推销员、外交官、农夫。到1948年他最终决定在纽约开办广告公司时已38岁，而此时的他大学肄业，没有文凭、没有客户，对市场一无所知。然而就是这位奥格威以6000美元创立的奥美广告公司，到他写作本书时已在40个国家拥有了140个分公司，成为世界上最大的广告公司之一。

与奥格威的另一代表作《一个广告人的自白》着重为初入广告业的新人提供全方位的指导不同，本书聚焦于奥格威经过一生实战感悟的广告营销方法，重点向雄心勃勃的年轻人以及仍然希望提升销售能力的广告老兵分享经验。它也是一个行业领袖对如何能做好工作的思维模式、价值立场的生动诠释。如果探讨营销业务的内容对你来说还稍显遥远，那你就着重从书中描绘的作者的人生经历汲取营养吧。

此外，正如从案例入手是学习广告相关知识的捷径那样，向行业的顶级精英学习也是被反复证明的良方。希望大家能从奥格威颇为曲折、可谓大器晚成的人生经历中获得启发。成功未必都要趁早，对善于思考、敏于总结的人来说，成功是迟早的事。

动漫

71.《世界动画史》

作者：[英]史蒂芬·卡瓦利耶
译者：陈功
出版社：中央编译出版社
出版时间：2012年9月

这是一部用编年体形式呈现的世界动画史书。所谓编年体，就是以时间为中心，按年月日的顺序记述历史。动画的起源和电影、报刊有些不同，没有确切的开始时间，目前学界公认的最早的动画大致形成于19世纪末。为此，作者在本书中选取1872年作为记录的起点，按年为单位展开，详细记录了自1872年至2010年间动画在全世界发展的历程。

这是一部可以让初学者"一站式"了解世界动画发展历程的书籍。全书重达2千克，铜版纸全彩印刷，哪怕你不读，买回家收藏都是极好的选择。因为它应该是迄今为止，唯一一本翻译成中文的全彩动画史著作。此外，尽管该书是本编年体的"历史书"，但读起来并不费劲，作者活泼生动的语言搭配精美的动画插图，增加了本书的可读性；而且，本书更多是介绍动画片单，极少对某部动画作品深刻评论，这让不具备动画基础的人也能读懂。

阅读本书，你可以有很多收获：第一，你能了解各个时期主流的动画代表作都有哪些，从而了解你熟悉的那些作品——远到迪士尼的"米老鼠"，近到宫崎骏的"千与千寻"——在动画发展历程中处于什么样的位置；第二，你可以了解不同时期的动画拍摄方法，还能知道美国、日本的动漫产业极为发达的深层原因。

如果你觉得阅读一本400多页的大部头专业书有点困难，你可以先从书中的插图看起，这些插图都是著名动画代表作的剧照。另外，本书附录里系统地梳理了自1931年至2010年奥斯卡最佳动画短片的名字，你可以都找来看看，直观感受不同时期动画作品的特点。

72.《中国动画史》

主编：孙立军

出版社：商务印书馆

出版时间：2018年8月

中国动画自20世纪20年代诞生至今，已走过九十载春秋。本书试图从历史的视角，对中国动画九十余年的发展进行全面、翔实的回顾和总结，帮助更多初学者了解中国动画的发展情况。本书主编是北京电影学院副校长孙立军教授，他不仅是动画研究者，同时也是动画创作者。动画电影《小兵张嘎》就是孙立军的代表作之一。孙立军教授兼具研究、创作者的双重身份，也为解读中国动画史提供了更为立体的视角。

新一代少年儿童都是看着动画片长大的，或多或少地接触过中国动画作品，如年代久远一些的《大闹天宫》《小蝌蚪找妈妈》等；近一点的《熊出没》《大鱼海棠》等。但这些动画作品都是零散的，并不能系统呈现中国动画的发展历史。《中国动画史》一书可以把不同时期的动画作品串联起来，让读者看到中国动画九十多年来不断成熟、发展、创新的过程。

通过阅读本书，你还可以了解很多个中国动画的"第一"。比如，中国第一部有声动画，中国第一部动画长片，中国第一部剪纸片、折纸片、水墨动画片等。这不仅是"知识"，还对你创作定格动画有重要的启发作用。因为不看不知道，原来制作动画的材料可以如此丰富，剪纸、折纸、木偶、水墨画……都可以是制作动画的"道具"。如果你觉得书中记录的动画历史知识过于复杂，看不懂，那建议你先从每个时代的"代表作品"看起，等对经典作品的直观感受够丰富了再看它们之间的联系，理解其中的规律就不会觉得困难了。

73.《制作进行：一本书让你彻底了解动画制作》

作者：[日]舛本和也
译者：王维幸
出版社：南海出版公司
出版时间：2016年3月

写《制作进行：一本书让你彻底了解动画制作》一书时，舛本和也已在动画领域工作了14年。他曾作为监制，帮日本多家著名的动画公司，如东映动画、TMS Entertainment 等制作动画。后来，舛本和也成立了自己的动画公司 TRIGGER，并制作了轰动一时的《小魔女学园》《斩服少女》等作品。可以说，舛本和也经验丰富，他对动画制作流程非常熟悉。

舛本和也写本书的初衷，是希望帮助更多人了解动画制作流程。在日本，虽然有很多杂志和网站都在介绍动画制作的方法，但很少有人提起动画人实际的工作内容以及动画制作过程中的艰辛和快乐。舛本和也希望通过"制作进行"（类似于监制一职）的视角，带领读者体验动画制作流程和现场氛围，因为"制作进行"是唯一全程参与动画制作活动的角色。舛本和也在本书中以"制作进行"的视角，向我们呈现了日本动画业界的缩影。

这是一部动画从业者写的"动画制作说明书"。书中不仅囊括了动画制作的工作流程和各种相关知识，作者还以平实直率的语言为刚刚或准备进入这一行业的新人提出了很多忠告，破除了一些外界对动画制作行业可能存在的误解。

如果你打算和朋友组建团队，尝试制作属于自己的动画作品，那么可以重点阅读本书的第四章，并参考其中的流程来工作。

如果你未来想从事与动画有关的职业，你可以认真阅读本书的第一至四章，提前了解相关工作的主要内容、岗位要求和工作氛围，相信这些内容能帮你进行更深入、理性的思考，从而做出更成熟、坚定的选择。

74.《动态叙事：学会用动图、动画思维讲故事》(第2版)

作者：[美]莉兹·布莱泽

译者：金潮

出版社：电子工业出版社

出版时间：2021年2月

本书的作者莉兹·布莱泽是美国知名动画师和动画教育工作者。她在指导学生时经常强调"动画师要会讲故事"。为了帮助动画爱好者掌握用动画讲故事的能力，她撰写了 Animated Storytelling 一书。该书第1版中译本《动画叙事技巧：简单10步教你玩转动画》一经推出就广受国内动画爱好者的好评，而本书是该书的第2版中译本。

在本书里，作者循序渐进地介绍了用动画和动态图形创作优秀故事的方法，并把这些方法归纳为"前期制作""讲故事""故事板""色彩感觉"等10个步骤。按照这10个步骤推进，零基础的初学者也能制作出自己的动画作品。

本书的编排很有特色：作者不仅引用了大量的动画作品作为案例，还设计了很多有趣的小练习，让读者能在轻松、寓教于乐的氛围中逐步掌握用动画讲故事的技巧。

和前文推荐的《制作进行：一本书让你彻底了解动画制作》视角不同，那本书告诉你的是一个专业的动画团队是如何创造出有影响力的动画作品的；而莉兹·布莱泽的这本书意图说明的是一个普通人，乃至零基础的初学者应该如何创作动画。

本书内容简洁、语言凝练，书中呈现的动画制作方法简易，并按照创作流程编排，为新手动画人提供了很好的指引。阅读本书并按照作者建议的步骤操作，相信读完此书时你的动画作品也已诞生了。

另外，值得一提的是，在我们推荐的100本书籍中，有很多书都在介绍"如何讲故事"。比如，《从菜鸟到专业：萌新记者成长手册》涉及了新闻人应该如何讲故事；《〈华尔街日报〉是如何讲故事的》呈现的是美国最著名的综合性报刊如何讲故事；《镜头的语法》介绍的是视觉工作者如何用镜头讲故事……可以说，媒体人就是"讲故事的人"，而文字、漫画、电影等不同媒介形式，就是"讲故事的载体"。你可以对比着这些书来阅读，思考不同媒体讲故事的方法。

75.《动画大师课：分镜头脚本设计》

作者：[英]马科斯·马特乌-梅斯特

译者：薛燕平

出版社：中国青年出版社

出版时间：2021年6月

马科斯·马特乌-梅斯特是梦工厂和迪士尼的御用动画分镜师。他自1991年进入动画制作领域工作至今，参与过多部动画长片的创作，包括《驯龙高手2》《小狗波图》等。二十余年的工作经历让马科斯·马特乌-梅斯特摸索出一套非常实用的视觉语言叙事逻辑。他将这套逻辑以及多年的工作经验、心得、案例集结成册，撰写了本书。该书一经出版就获得了动画爱好者的好评，常年高居亚马逊购物网站动画书籍类图书的推荐榜首。2021年，该书的第一个中译本在国内出版。阅读本书，读者可以系统性地学习动画的分镜头知识。

动画分镜头脚本是动画作品设计的蓝图，是未来动画成品的预览，也是动画导演与其他动画制作人员沟通的桥梁。为此，绘制好动画分镜头脚本意义重大。阅读本书，你可以系统学习分镜头脚本的绘制方法。

另外，阅读本书时，建议你重点关注作者图文并茂的写作方法。书中呈现的260幅分镜头插图和166幅细节图，个个都是精品。你可以仔细分析，看作者是如何运用文配图的方式讲解复杂、抽象的知识点的。将来当你想图文并茂地向别人介绍你的想法时，可以灵活运用这些技巧。

76.《创意定格动画实验室》

作者：[英]梅尔文·特南

译者：李之瑾、李悦雯

出版社：上海人民美术出版社

出版时间：2016年8月

这是一本入门级的介绍定格动画制作方法的书籍。该书不仅可以帮你掌握定格动画的制作技巧，更重要的是，它还可以激发你的创作热情。总体来说，这本书通俗易懂、内容详细。初学者阅读后可以快速上手，制作出自己的定格动画作品。美中不足的是，由于本书是2016年出版的，书中介绍的一些内容，如软硬件设备等已经过时，你可以注意用现在更主流的软件替换。

定格动画是动画的一大分支，它的优点是不需要投入很多资源，如金钱、人力、时间等，就可以制作出极具创意和观赏性的作品。为此，定格动画深受广大动画爱好者的喜欢，很多普通人也愿意尝试定格动画的创作。

那有没有一本书，能够全面、详细地教新手制作定格动画呢？本书就是一个很好的选择。对新手来说，建议你先扫书中的二维码，观看作者推荐的优秀定格动画作品。这些作品，可以帮助你认识什么是定格动画。在有了一定的感性认识之后，你再详细阅读本书的第一部分，了解定格动画的原理、制作定格动画需要用的工具和注意事项，然后开始尝试自己制作定格动画。本书的第二部分，建议你采用"做中学"的方式阅读。也就是说，如果你想用乐高块制作定格动画，那么就来书中查阅乐高动画的相关内容；如果你想用剪纸制作定格动画，那么就来书中查阅剪纸和剪影动画的相关内容。这种边做边学的方式，让学习具有针对性，解决真问题，能帮你更好地理解作者意图。本书的第三部分是关于定格动画后期制作技巧的，里面提到的软件和软件使用方法有些过时，你可以跳过并上网搜索更新的定格动画后期制作技巧及软件使用方法教学视频来学习，这会有效得多。

77.《美国漫画绘制教程》

作者：[美]迪克·乔达诺

译者：刁海鹏

出版社：人民邮电出版社

出版时间：2013年3月

本书的作者迪克·乔达诺是美国漫画领域的传奇人物。他到底有多牛，随便说几个事迹你就能感受到。首先，他为美国两大漫画巨头——DC漫画公司（Detective Comics）和漫威漫画公司（Marvel Comics）都创作过连环画作品；其次，风靡全球的畅销漫画"蝙蝠侠"系列就出自他的手笔。迪克·乔达诺将其一生的漫画创作经验和技巧都融入在了《美国漫画绘制教程》一书中。该书只有一百多页，分为两大部分呈现：第一部分是概述，介绍了你应该如何阅读该书以及基本的绘画工具；第二部分是书籍的主体，分章节介绍了头部、人物、场景的绘制技法，还讲解了漫画该如何着色以及连环故事画应如何创作。书中超过20个近乎手把手的演示案例，几乎涵盖了所有的漫画基本元素，非常适合零基础的动漫爱好者学习。

这本书的创作目的很简单，就是帮助漫画初学者掌握漫画绘制的基本技法。作者教得极其仔细，以画眼睛举例，作者将画眼睛分为了四个步骤——从画个椭圆开始，到勾勒眼角，再到确定瞳孔和虹膜的位置，最后到添上瞳孔、眼皮和眼睫毛——每一步，作者都给了详细的草图和文字描述。就算你是零基础学员，也不用担心，只要跟着书中的内容一步步勤学苦练，你的画功一定会有提高。

除了绘画基本功以外，作者还在书中介绍了很多漫画绘制原理，比如俯仰视图、透视图等。即便你不打算学习漫画绘制，多看看这部分内容，也会对你更好地欣赏漫画作品大有裨益。

78.《让手账变可爱：超实用手绘字体教程》

主编：灌木文化

编著：吴海燕

出版社：人民邮电出版社

出版时间：2019年2月

这是一本适合零基础绘画爱好者和视觉设计者阅读的书籍。如果你是零基础绘画爱好者，阅读本书，你可以学习很多字体的设计方案，这有助于你选取合适的字体表达形式，完成项目任务，制作出自己满意的微信使用说明书。

但是相比学习几种字体而言，我更希望你通过阅读本书，思考以下几个与传播效果有关的问题：

第一，文字是传情达意的工具。这种传情达意的作用，难道只是靠文字的内容来实现吗？换句话说，同样的文字，如果使用了不同的字体表现形式，会产生不同的含义吗？

第二，如果上个问题的答案是肯定的，那请你继续思考，你该如何选择字体，来准确传达自己的意思？是根据自己的喜好选择，还是要考虑阅读对象的特征？是更重视美观，还是更在意读者能否看懂？……当然，你还可以顺着这个思路想更多的问题。

你不必着急回答，上述问题也没有标准答案。选择合适的字体来传达传播者的意图是个大命题，值得你花更多的时间去思考。

79.《一生的旅程》

作者：[美]罗伯特·艾格、[美]乔尔·洛弗尔
译者：靳婷婷
出版社：文汇出版社
出版时间：2020年9月

如果你已经按照本书的项目建议，尝试过制作报纸、编制期刊，或者努力拍摄过微电影、做过定格动画……那你一定会发现要顺利完成项目任务，需要很多有不同专长及特点的伙伴相互配合、团结协作，然而，无论组织带领还是积极参与团队合作都不是一件容易的事。如果你想增强自己组织、管理团队的能力，那么本书是你的绝佳参考。

作为迪士尼的第六任 CEO，艾格从踏入职场的第一天起，就一直置身于传媒和娱乐行业之中。他既担任过日间肥皂剧最初级的工作人员，也管理过曾经打造出最具革新性电视节目的电视台，他还成功引领迪士尼成为全球娱乐业巨头。艾格丰富的行业经历，使他的经验特别适合将来想从事传媒及娱乐业的后辈参考。特别感谢罗伯特·艾格在即将走完自己长达45年职业生涯[1]的时刻，愿意仔细回望一路所学到的东西，并将从中总结出的十条真正的领导力原则分享给读者。本书译者靳婷婷不仅是电影制片人、编剧，更是勤奋高产的翻译。她出版译作近30本，累计翻译字数近400万。代表作有《重新定义公司：谷歌是如何运营的》《创新公司：皮克斯的启示》等。译者流畅生动的译文让我们在领略艾格宝贵职场经验的同时，也增添了很多美好的阅读体验。

---

[1] 艾格1974年开启职业生涯，进入 ABC（美国广播公司）工作。1995年 ABC 被迪士尼收购，艾格正式加入迪士尼高管团队。2005年10月至2020年2月，艾格担任迪士尼的 CEO。

社交媒体

80.《社交媒体简史:从莎草纸到互联网》

作者:[英]汤姆·斯丹迪奇

译者:林华

出版社:中信出版社

出版时间:2019年3月

你可能会惊讶地发问:"啊,社交媒体还有历史?"社交媒体从出现到现在,最多也就二三十年吧。其实不然。在《社交媒体简史:从莎草纸到互联网》一书中,斯丹迪奇将社交媒体的历史追溯到了公元前51年。那时候,充当社交媒体的是莎草纸卷:人们将信件和文件抄录在莎草纸上,并写下自己的评论,然后与别人分享。虽然,与今天几亿人使用的脸书(Facebook)、推特(Twitter)等互联网社交媒体相比,这样的联系速度要慢得多、难得多,但是这两种相隔两千年的社交方式在基础结构和发展态势等方面都是相似的:两者都是双向的交谈环境,信息沿社交关系网从一个人横向传给另一个人。

在本书中,作者以"莎草纸—小册子—诗歌手稿—咖啡馆—报纸—广播—电视—互联网"这一脉络为线索,向读者呈现了历史上不同时期和地点产生的形形色色的社交媒体。不仅如此,作者还在书中探讨了很多由社交媒体带来的社会问题,如"社交媒体促进自由和开放,还是让管控更加容易""社交媒体提高信息沟通效率,还是让人无法专注于有益工作"等。原来,这些困扰着人们的问题不是近几年才产生的,而在几世纪之前就已经存在了。阅读此书,你将在历史的基础上,深思这些问题的答案。

这是一本有趣的介绍社交媒体发展史的小书,而不是传统意义上的史学巨著。作者通过一个个鲜活的小故事，向读者展现了社交媒体自莎草纸至互联网的发展脉络。阅读本书，你可以了解社交媒体的特点，了解不同时期社交媒体的主要形式；了解社交媒体对个人、对社会带来的问题。读完此书你再看微信、微博等今天常见的社交应用软件，你将更容易触及其传播的本质。甚至，你还可以推演出众多社交媒体背后的逻辑，预见未来社交媒体的发展方向。

81.《社交媒体：原理与应用》

作者：[美]帕维卡·谢尔顿

译者：张振维

出版社：复旦大学出版社

出版时间：2018年4月

本书可以说是一本关于社交媒体领域实证研究的文献综述。需要注意的是，本书中的所有研究都是基于美国的社会情境展开的，其中所列的常用平台及文化语境等，都与国内有很大区别。你可以在本书中了解美国社交媒体的情况，并结合到国内用户对于社交媒体的使用上。

与《社交媒体简史：从莎草纸到互联网》一样，《社交媒体：原理与应用》也是一本介绍"社交媒体"的书籍。对比来看，你可以感受到两本书完全不同的写作风格。前者通过一个个生动有趣的小故事，启发你对"社交媒体"的思考；而后者是"文献综述"，让你在最短的时间内全面地了解学界对"社交媒体"这一话题的主要研究情况。

阅读本书，你不仅可以了解美国学者关于"社交媒体"的思考，还可以学习"文献综述"的写作方法。"文献综述"是就某一领域已有研究成果进行整理、总结、评价的一种学术论文文体，它在科学研究中非常重要。文献综述可以帮助科研工作者快速了解学界对某一问题的研究程度，并站在前人的肩膀上继续开展研究。

本书思路清晰，逻辑层次清楚。作者将大量的文献归纳进不同主题，并用"原理"与"应用"两个视角串起。可以说，本书是文献综述佳作。

82.《零基础学微信全程图解手册》

编著：孟辉

出版社：北京时代华文书局

出版时间：2021年9月

微信是一款为手机、平板电脑、电脑等智能终端提供即时通信服务的应用程序。因其功能丰富、操作简便，微信深受广大用户喜爱，已成为人们日常工作、生活中不可或缺的社交工具。

本书是面向微信初学者的使用指南，旨在帮助读者快速了解微信功能，并熟练使用微信。本书用图文并茂的方式，对微信的下载流程、操作步骤、使用方法等进行了详尽的介绍；并对"微信群聊""微信公众号""微信朋友圈"等重点板块进行了"解剖式"的讲解，力求让每一位想要深入了解微信使用的读者即看即懂、即看即会用。

你可以重点阅读本书的第七章《公众号和小程序的使用》，学习微信公众号的使用技巧。微信公众号是政府机关、企事业单位、社会组织、媒体或个人与用户互动、传播信息的重要渠道。中小学生用好微信公众号的功能，可以拓宽知识视野，提升信息素养，增强社会实践能力，促进个人的全面发展。为此，不管是添加、关注微信公众号，还是在教师、家长的协助下创建微信公众号、发布公众号文章，对于中小学生来说都是大有裨益的。

市面上教授微信使用的书籍很多，之所以推荐本书，是因为本书的一大特点是"图解"。作者通过分步展示微信的操作界面图，配以简短的文字说明来介绍微信的使用方法。这种形式，使得复杂的操作变得简单易懂，适合中小学生阅读。

83.《腾讯传：1998—2016：中国互联网公司进化论》

作者：吴晓波

出版社：浙江大学出版社

出版时间：2017年1月

作为最受人瞩目的中国互联网公司之一，腾讯已然形成了一个巨大的"企鹅帝国"。但这个帝国是如何从无到有并发展壮大的？我们的生活是如何被它全方位影响并深刻改变的？相信本书能让你走进幕后，用另一种视角审视大家日常使用的QQ、微信、各种游戏……从而帮助你更好地了解互联网的发展历史，也更好地思考互联网与我们的未来。

此外，从具体层面说，按照时间顺序编写的本书是个完美的资料库，如果你需要了解中国互联网或腾讯在某一年的发展情况，你可以在书中轻松找到你需要的资料。如果你未来想要创业，或是参加创业方面的比赛，本书提到的腾讯几经变革的组织结构及管理模式或许能给你提供借鉴启发。如果你将来想从事软件开发，那本书对腾讯诸多明星产品设计理念、开发过程的介绍，可以让你对这个行业更加了解。如果你未来想去腾讯任职，那么通过此书提前了解腾讯的历史和企业文化，可以为你提供参考和帮助。

84.《Facebook效应》

作者：[美]大卫·柯克帕特里克

译者：沈路、梁军、崔筝等

审校：译言网

出版社：华文出版社

出版时间：2010年10月

Facebook被誉为21世纪最伟大的发明之一，在短短几年内深刻改变了人与人之间的交往方式，不由分说地开启了全人类的社交媒体时代。Facebook的传奇故事引起了本书作者大卫·柯克帕特里克的关注。作为《财富》杂志的高级编辑，柯克帕特里克长年执笔"快速前瞻"专栏，拥有近20年对技术公司经营管理的观察和写作经验，这使得他对Facebook之所以成功的探讨极具深度和启发。而本书之所以能顺利问世，也得益于Facebook及其创始人马克·扎克伯格的全力支持。不仅扎克伯格本人多次接受了作者的访问，坦诚回答了诸多问题，还有超过130名Facebook的各级高管、部门员工、投资人、合作伙伴等接受了作者的采访。本书出版于2010年，当时成立仅6年的Facebook全球活跃用户数刚刚突破5亿大关；而截至2021年3月底，Facebook公司多款应用程序的全球活跃用户总数已达34.5亿。时至今日，我们再去细读此书，不仅能更好地评判作者对Facebook成功经验的总结是否准确，也能让我们对当时人们对Facebook乃至整个互联网发展方向的"预测"有更好的认识。

一位桀骜不驯却连寝室都收拾不干净的年轻人，是怎么在堆积如山的脏碗碟和空啤酒罐中间创造出Facebook的？扎克伯格的那种将产品体验而不是盈利能力放在首位的理念，给他带来了什么样的挑战和机遇？读大学的目的是为了取得文凭、找一份稳定工作，还是为了获取灵感、改变世界？什么样的人不仅能有好点子，还能把点子变为现实？扎克伯格和他朋友们的校园创业经历，或许能帮你解答以上问题。当然，更希望这些大男孩儿的故事，能让你对自己的校园生活以及未来职业多一些想象。

85.《被看见的力量：快手是什么》

作者：快手研究院
出版社：中信出版社
出版时间：2019年12月

自20世纪90年代末在我国兴起，短短二十几年间互联网已经发生了很多改变。例如，人们最初要先把电话线连接到台式电脑上，通过调制解调器拨号才能上网。当时的网速很慢，网页上的内容以文字为主，图片要是稍多几张，就常常打不开，有时需要好几分钟图片才能逐渐显示完整。到2007年，以iPhone为代表的智能手机横空出世，触摸屏、Wi-Fi无线上网逐渐取代了台式机和电话线，但那时还很少有人用手机拍照、拍视频，更别提把照片、视频用手机发送给其他人或上传到网络上了。2011年快手成立时，也只是帮用户把用手机拍摄的照片或视频转化成动图的工具，直到2013年，随着手机性能的不断提高，网络也进入4G时代，快手才由帮人做动图的工具转型为由用户自制、上传并浏览、分享短视频的社区。2016年9月，抖音的问世及迅速火爆，宣告人人参与的视频时代正式到来。

正像文字的发明改变了人类历史，印刷机的出现影响了社会的方方面面，视频也在悄然重塑我们的生活，然而这些改变究竟是什么，对我们长远的未来又意味着什么？作为开创短视频时代的代表性企业，快手公司的研究机构"快手研究院"，将快手平台上涌现的各类样本总结梳理成本书，为我们一一呈现，相信一定能让你对视频的力量产生全新认识。

希望本书精心挑选的各领域的创新实例，能启迪你思考短视频对于我们每个人，以及整个时代的重要意义。更希望你能受到书中案例的启发，在自己的日常生活中尝试多创作、运用视频，无论是彰显自己的品位、喜好，还是发展自身特长，甚至开始你的创业之路都很不错。总之，抓住时代给予我们的机遇，尽情享受视频时代的独特魅力吧。

86.《字节跳动：从0到1的秘密》

作者：[英]马修·布伦南

译者：刘勇军

出版社：湖南文艺出版社

出版时间：2021年7月

抖音不只风靡中国，它的海外版应用Tik Tok自2017年上线以来，也迅速火爆全球。到2020年底，Tik Tok的全球下载量达到惊人的20亿次，成为世界上最热门的平台之一。那么，是谁创造了这个奇迹？中国互联网公司是如何成为引领世界的力量的？互联网的未来又会去向何方？

本书作者马修·布伦南也对这些问题感到好奇，作为专业的财经作家，他在中国大陆居住了16年，能说一口流利的普通话。通过9个多月的走访调查，布伦南对抖音、Tik Tok的"缔造者"字节跳动公司进行了深入的了解和剖析。借助大量的中英文研究资料，他用新闻报道的手法为我们呈现了这个创建于2012年的年轻企业的传奇经历。

俗话说，外行看热闹，内行看门道。对于生活中流行的事，我们除了参与其中、亲身感受其魅力，如果能深入了解它广受欢迎的原因，那一定能让自己收获更多。本书便能让你换个视角看看抖音这个影响巨大的平台究竟是如何产生、发展的，特别是它最令人惊叹的"智能推荐"功能，究竟是怎么一回事？期待你能从字节跳动公司的成长历程，以及它独特的智能推荐技术原理中获得启发。

此外，如果你正因一打开抖音就会在上面花费太多时间而苦恼，那么这本书能帮你了解背后的原因。希望你通过阅读，找到既享受抖音带来的乐趣，又不至于因浪费时间而懊恼的好办法。

87.《爆款文写作指南》

作者：羽毛、一木、舒允

出版社：人民邮电出版社

出版时间：2020年9月

你知道"10万+"是什么意思吗？由于微信公众号推文的阅读次数最多只能统计到10万，所以如果一篇文章的阅读量超过10万次，系统就会显示为"10万+"。"10万+"已成为爆款文章的代名词，是衡量公众号影响力的重要标杆，也是新媒体作者努力的方向。

如何尽可能地使自己撰写的微信公众号推文有"10万+"的成绩,《爆款文写作指南》一书可以给你启发。和说明文、议论文有自己的写作技巧一样,爆款文写作也有方法可循。

本书作者在梳理了上千篇优质新媒体文章,并成功撰写了多篇千万级阅读量的爆款文之后,撰写了本书,旨在帮助零基础的初学者快速掌握爆款文的写作方法,创作出优秀的公众号推文。

阅读此书时,你可以搭配一些"10万+"的公众号推文一起看,你会更加理解作者运用了哪些写作技巧,让文章变得更生动,更引人入胜。同时,这也是一本能帮助你学习"爆款文"写作的书,你可以按照书中的方法训练自己,掌握获取新媒体流量的密码。最后,这还是一本启发你持续写作的书。尤其建议你仔细阅读本书的第四部分——"持续写作"。阅读这部分,你会了解一个人在写作中的成长历程,会思考写作的意义并因此爱上写作。

88.《微信公众号平台操作与版式设计全攻略》

编著:叶妙琳

出版社:人民邮电出版社

出版时间:2021年5月

本书主要介绍了微信公众号平台的操作方法,微信公众号推文的版式设计技巧以及一些常用的可以提高新媒体人工作效率的"神器"。该书干货满满,它的出版让不少新媒体编辑直呼"福音"。

该书非常适合零基础但想学习微信公众号后台操作与排版的读者阅读。跟着本书学习,读者可以快速掌握公众号后台操作和推文排版方法,并在短时间内制作出高质量的公众号推文作品。

如果你想成为一名微信公众号创作者,阅读该书会有很大收获:你能系统学习公众号注册、运营的方法，了解公众号操作和排版的技巧，快速上手玩转自己的微信公众号。

即使你近期不打算开设自己的微信公众号也没关系，从以下视角阅读该书，也会有不小的收获：

第一，你可以通过本书，了解微信公众号的推广诀窍。微信上每天都产生数以万计的公众号文章。这些文章质量参差不齐，而了解作者的推广技巧后，你就有能力分辨微信公众号文章的优劣。

第二，书中系统介绍了一些高质量的第三方工具，比如免费的商用图库，简单的动图制作软件和二维码生成器等。这些工具若运用得当，将会提高你的工作和学习效率。

第三，本书的作者叶妙琳并非科班出身，她是自学公众号编辑技能，一步步从小白成长为"新媒体导师"的。你可以了解叶妙琳的经历，学习她的自学方法。毕竟，现在是一个终身学习的时代，你也需要不断自学很多新东西，才能跟上时代的发展步伐。

流行文化

89.《中国流行文化30年（1978—2008）》

作者：武斌、韩春艳
出版社：九州出版社
出版时间：2009年2月

《中国流行文化30年（1978—2008）》是一本帮你很好地了解1978至2008年间中国流行文化发展脉络的书。这本书详细介绍了改革开放30年里，音乐、电影、电视剧等领域，流行文化的发展变化。阅读本书，你会对流行文化的演变有全局性的理解。

除此之外，这还是一本帮你了解改革开放后社会变迁的书。流行文化是一个时代的标签之一。那些你在教材上看到的"思想解放""体制转轨""经济腾飞"……在流行文化上都能得到体现。

常言道，"流行就是一个轮回"。希望了解这么多流行文化知识之后，你可以客观看待流行文化，甚至尝试生产流行文化。

90.《引爆流行：如何在注意力经济时代成为流行制造者》

作者：[美]德里克·汤普森
译者：师瑞阳
出版社：中信出版社
出版时间：2019年6月

我们都是流行产品的使用者、追逐者，但很少有人去思考产品之所以流行的原因。本书从心理学、经济学的视角分析了人性和人类最基本的需求，告诉我们能让文化产品流行的一些重要法则。

本书试图回答以下两个问题：第一，制造人们喜欢的产品的秘诀是什么？第二，为什么一些产品失败了，而另一些类似的产品却可以成功？作者试图从心理学和经济学两个视角，来分析一个文化产品之所以成为流行产品的原因。他认为，虽然流行产品的具体形式各不相同，但是它们背后一定都遵循了特定的原则。因为，人性以及人类最基本的需求是永恒的。找到了流行产品的共同原则后，普通人也可以创作出流行产品，而更重要的是，使用者可以知道流行产品是如何被创造出来的，他们能更理性地对待流行产品。

阅读该书，你能了解什么是"曝光效应"，能理解为什么"衍生"是最好的文化产品生产方式，能意识到为什么现在市面上有那么多的产品，要通过"病毒扩散"式的方式进行传播。希望你读过本书后，能够更加客观地看待流行产品，并且运用书中的方法，完成项目任务，打造自己的流行衍生品。

91.《不懂流行文化就不要谈创新》

作者：[美]格兰特·麦克拉肯
译者：贾晓涛
出版社：南海出版公司
出版时间：2012年7月

本书的原版是格兰特·麦克拉肯的畅销代表作 Chief Culture Officer。译者并没有将本书翻译为"首席文化官"，而采用了意译的方式，将其翻译成《不懂流行文化就不要谈创新》。这个举动看似出人意料，但仔细想想又在情理之中。

作者开篇就指出大多数美国公司不重视解读流行文化的事实。它们将解读潮流的工作外包给广告代理商、设计师、咨询顾问甚至是实习生。这样做的后果是，太多的公司，包括那些著名的大公司，都因此丧失了青少年市场，亏损了数以亿计的财富。以著名牛仔服制造商李维斯来说，他们没有意识到那些被"嘻哈"浪潮影响，穿着宽松牛仔裤的孩子们代表着一个全新的市场机会，因此损失了10亿美金。而类似的案例在美国比比皆是，奎克化学（Quaker Chemical）、脸书（Facebook）都吃过相应的亏。

为了扭转这个局面，作者提议创设一个新的职位——首席文化官（CCO）。他认为，能胜任这个职位的人，是那些"了解文化——无论是一时的流行或是长久的潮流——以及背后深层次的持久结构的人"。而创设首席文化官这个新职位也是作者撰写此书的主要目的。他希望帮助所有企业的首席执行官（CEO）意识到增设这个职位的重要性，以及什么人才能承担此项工作。

此外，阅读该书，你还可以了解如苹果、耐克、可口可乐这样的耳熟能详的国际大公司背后的故事，包括它们做的或对或错的决定。你可以从这些案例中思考产品和流行文化的关系，并恰当运用流行文化，打造自己的产品。

92.《极速传染》

作者：[英] 史蒂文·约翰逊

译者：童玥、郑中

出版社：天津科学技术出版社

出版时间：2020年9月

本书从出版以来就争议颇多——因为这是本为流行文化"正名"的书。一直以来，学界对大众媒介及其创造的流行文化都持负面看法，认为以电子游戏、电视剧为代表的"流行文化"会让大众上瘾，浪费受众时间，并使人们的思维变得肤浅。艾伦·布鲁姆所作的《走向封闭的美国精神》和尼尔·波兹曼撰写的《娱乐至死》都是这一观点的代表。但是，史蒂文·约翰逊希望通过撰写本书，启发大众思考流行文化潜在的积极影响。在本书中，他提出了"睡眠者曲线"这个概念，并认为，"流行文化在过去30年里一直稳步地变得更复杂，在精神上也更具挑战性",这种复杂锻炼着受众的思维,并对我们的思维产生积极意义。

一直以来,大多数家长认为以"电子游戏""综艺"为代表的"流行文化"是洪水猛兽。这也导致很多学生谈"玩儿"色变,认为"玩儿"是不对的、是可耻的。作者以全新的视角看待流行文化,介绍流行文化的积极因素,这是本书最大的价值所在。史蒂文·约翰逊的介绍能让我们更客观地看待大众媒介及其生产的流行文化,最终正确地"玩儿",正确地参与大众文化。

93.《超级IP:互联网时代的跨界营销》

作者:高德
出版社:现代出版社
出版时间:2016年9月

本书介绍了一种文化产品打造思维,叫做超级IP。IP是Intellectual Property的缩写,可直译为"知识产权",其核心内涵是"跨媒介创意及内容营销"。光看名词你可能觉得有些深奥,举个例子吧:把漫画改编成系列电影是IP;把网络小说改编成电视剧也是IP。这种思维兴起于20世纪90年代的美国动漫业,例如《超人》《蝙蝠侠》等改编自漫画的电影,就是全球第一代IP。随着互联网的不断发展,IP思维已成为当前最重要的产品思维之一。

在本书中,作者向读者介绍了超级IP的概念及力量。他以自己女儿在迪士尼乐园购买纪念品的故事为例,说明当一个人喜欢一部电影或一位偶像时,会不计成本地购买和它有关的所有东西,这就是超级IP带来的不可估量的经济效益:只有局外人才考虑价格,粉丝不会。除此之外,作者还介绍了超级IP的打造方法,他绘制了超级IP的"跨界路线图",启发读者一步步实现自己的商业构想。如果你有一个伟大的创意,却缺少将创意IP化、将品牌系列化的方法,阅读本书可能会深受启发。

IP有两种具体的实现方式:改编和衍生。在《改编的艺术:从文学到电影》

一书中，作者主要介绍的是将小说、戏剧、非小说文学改编为电影的方法；而在《引爆流行：如何在注意力经济时代成为流行制造者》一书中，作者主要讨论的是"衍生"。他认为"衍生"可以让产品拥有"既新又旧"的特点，而这种特点是新事物得以成功流行的制胜法宝。读完这两本书，你就能明白，迪士尼是如何将动漫改编为真人电影，而又将一个个动漫形象衍生为玩偶，甚至是主题乐园的；而你喜欢的那些偶像，又是如何从真人衍生出写真集、徽章等周边产品，以及一个个综艺节目的。

和上面两本书视角不同，阅读《超级IP：互联网时代的跨界营销》，你可以更加宏观地理解IP，并客观看待因IP而形成的流行文化；还可以在完成项目任务的过程中使用这些超级IP打造方法，创造自己的爆款产品。

智能传播

94.《智能传播：机遇与挑战》

主编：李本乾、吴舫

出版社：上海交通大学出版社

出版时间：2018年12月

简单回顾互联网的发展历程我们会发现，尽管它是媒介家族中最晚登场的"晚辈"，但它不断变化升级的节奏远远快过其他所有"前辈"。20世纪90年代末，互联网出现在寻常百姓家时，网上的信息主要以专业人士制作的门户网站为主，用户要上网得记住自己想浏览的网页网址，并准确输入地址栏才能看到相关网页。聪明的工程师们很快发明了谷歌、百度等专业搜索网站，特别是随着百度贴吧等用户自治网站于2003年左右上线，互联网进入了由普通用户参与信息生产、由搜索引擎帮你把所需信息"拖"到眼前的"Web2.0"时代。尽管搜索信息已经便捷多了，但那时上网还是要用连着网线的台式电脑或笔记本电脑才行。

随着2007年以iPhone为代表的智能手机的问世，以及2010年4G网络在我国迅速普及，人们终于摆脱了网线的束缚，可以随时随地上网了，这标志着人类进入了移动互联网时代。2012年以"今日头条"为代表的、为用户个性化"推送"信息的通用信息平台出现，标志着智能传播时代到来。

随着人工智能技术与网络媒体的进一步结合，越来越多新功能、新现象出现在我们的生活中，如新闻报道领域的"机器人写作""虚拟主播"，商品营销中的"猜你喜欢""智能广告"，社交媒体激发的"后真相时代""信任危机"……怎样才能更好地认识智能传播的规律，更好地发展智能媒体，成为传播学界目前最热门的研究课题。

由于智能传播刚刚诞生不久,传播学者们对这一领域的研究尚处于起步阶段,不仅对专业研究者来说尚缺乏成熟的理论著作,对中小学生来说也缺乏恰当的普及读物。本书是上海交通大学媒体与传播学院与国际传播学会(ICA)2017年共同主办的"第五届新媒体国际论坛"的优秀论文选(第一辑)。希望大家可以通过书中论文的标题及每篇文章的摘要,拓展自己对智能传播的认识,启迪自己关注生活中的变化。

95.《智能传播:理论、应用与治理》

主编:陈昌凤
出版社:中国社会科学出版社
出版时间:2021年9月

如上一篇导赏向大家介绍的那样,智能传播作为我们生活中最引人注目的新发展,是所有传播学学者关注的对象,因此,不仅上海交通大学媒体与传播学院的学者们以论文集的方式将最新的研究成果结集出版,清华大学新闻与传播学院常务副院长陈昌凤教授也主编出版了这本有关智能传播的体系性论文集。

对于新兴的研究主题,当学者们刚刚开始进行少量探索,尚未形成完整、成熟的理论或史学专著时,论文集常常成为学者们汇聚、交流最新研究成果的载体。尽管这些论文集主要是针对专业研究者的,对中小学生来说实在不易理解,但希望能通过丰富多元的论文主题,启发小读者们留意生活中与智能传播有关的现象,并帮助小读者们意识到智能技术是一把双刃剑。此外,人工智能的用途广泛,从新闻到广告、从影视创作到社会治理,处处都有它发挥作用的空间,希望能借此激发小读者们学习人工智能相关知识的热情,更希望大家能积极投身到智能传播的创新实践中去。

96.《人工智能简史》(第2版)

作者：尼克
出版社：人民邮电出版社
出版时间：2021年1月

以"今日头条""抖音"为代表的"智能媒体"在2012年后迅速流行，开启了"智能传播"时代的大幕。不管你喜不喜欢、愿不愿意，智能技术都已在我们的生活中扮演越来越重要的角色。然而，"人工智能"究竟是什么？它到底在传播中发挥了什么作用？"人工智能"正在以及将会对我们产生何种影响？为了更好地了解智能传播、参与智能传播，我们有必要追本溯源，好好了解一下人工智能的来龙去脉。本书是难得一见的专门为初学者撰写的普及读物。

本书作者尼克师从强化学习专家安德鲁·巴托（Andrew Barto），在大数据、知识图谱、自然语言理解及机器学习领域具有丰富经验。除了足够的知识储备，尼克还与书中诸多人物相熟相知，因此他了解许多鲜为人知的逸事。此外他常年坚持撰写计算机及相关领域发展的科普文章，这些经历和特点使得尼克成为带领普通读者进入人工智能领域的最佳向导。

本书梳理了始于20世纪40年代的人工智能发展史，论题几乎覆盖人工智能学科的所有领域。除了第十章《人是机器吗？——人工智能的计算理论基础》，需要读者具有较多的数学及计算机基础知识，其他各章对具有高中以上知识水平的人而言都不难懂。希望本书能帮助读者初步了解人工智能从无到有、逐步发展的历程，特别是从知识进化的角度获得新的视角及启发。本书的每一章都是一个相对独立的主题，可单独阅读。如果你在理解某些章节时觉得吃力，可以跳过这一章，先看自己能理解的部分即可。

97.《人工智能基础:高中版》

主编:汤晓鸥、陈玉琨
出版社:华东师范大学出版社、商务印书馆
出版时间:2018年4月

从20世纪40年代起,众多科学家、研究者就开始投身于对人工智能技术的探索,期待有一天机器可以像人一样能读会写,可以帮助人甚至独立完成更多复杂工作。这一探索过程并非一帆风顺,在数十年的发展中,人工智能有过高潮,也经历了低谷。在无数前辈百折不挠的努力下,最近几年人工智能终于开始大显身手。世界各国都意识到了人工智能技术对未来经济发展、国际竞争的重要作用,高度强调对相关人才的培养。我国也于2017年7月发布《新一代人工智能发展规划》,特别强调"实施全民智能教育项目,在中小学阶段设置人工智能相关课程""加快人工智能创新应用"等。

本书是我国第一本面向高中生的人工智能基础教材,旨在推动人工智能教育在我国的普及。编者力图从现实情境出发,以通俗易懂的语言,运用大量图式、图表,帮助读者了解图像识别、语音识别、智能分类、语义理解、人机对战等人工智能技术的实现过程。在介绍完每一种技术实现的路径后,还专门提供了可供读者实践演练的"实验",相信此教材不仅能让你深入幕后了解生活中那些神奇功能是如何实现的,更能激发你的创造力,让你也能享受到创造"智能"的神奇乐趣。

当然,人工智能是技术含量极高的领域,尤其是一些用到高等数学的算法,不仅远远超出初高中生的知识水平,甚至也超出了大学本科的知识范畴,但为了让读者了解人工智能的原理,本教材还是对这些算法进行了定性的介绍。对于超出你知识水平的内容,你可以先了解大概,以后再深入学习。当然如果你对这些内容十分感兴趣,可以通过检索关键词寻找更多参考书,现在就尽力探索。

98.《内容算法：把内容变成价值的效率系统》

作者：闫泽华
出版社：中信出版社
出版时间：2018 年 4 月

在智能媒体出现以前，无论是报纸、杂志，还是电视频道，都只能制作统一的内容供用户使用，尽管读者或观众最终接收的内容也有差异，但总体差别有限。自从普通人都参与到内容生产之中，智能媒体上的内容空前丰富，那如何才能让用户在海量内容中找到自己最想要的呢？以字节跳动为代表的科技公司，率先使用"推荐算法"解决了这个问题，即系统根据用户过往的使用习惯，向用户推荐更多可能喜欢的内容。仔细分析你会发现，手机正在暗中观察我们，我们买过的东西、搜索过的内容，都成为平台再为我们推荐事物的依据。但这个自动推荐的过程究竟是怎样发生的？它对我们这些用户只有好处没有坏处吗？

内容算法正在掌控我们的所见所闻，除了享受它带来的便利，我们更应及时了解它的工作原理，并认真思考当机器变得越来越聪明时，我们应该如何与它相处，才能占据主动，而不是在毫不知情的情况下被机器操纵、利用。在媒体因算法变得"智能"的今天，我们也应知己知彼，才能成为合格的智能媒体用户。

此外，如果你想成为专业的 up 主或成功的自媒体人，那深入了解平台算法就更重要了，希望本书能为你开拓思路，插上创业翅膀。

99.《今日头条全攻略：后台操作＋内容创作＋ 指数提升＋广告变现＋营销运营》

编著：代豪
出版社：人民邮电出版社
出版时间：2019 年 1 月

如果说《人工智能基础：高中版》《内容算法：把内容变成价值的效率系统》

是从揭示技术原理的角度，帮助我们了解计算机是如何断物识人、精准推荐的，那么本书是以"今日头条"号为例，从账号注册步骤，到内容创作技巧，再到广告变现逻辑，直至营销运营策略，全流程、手把手地向我们展示智能平台操作方法的。本书作者代豪是具有8年实战经验的今日头条账号运营师，不仅对今日头条账号的注册、开通过程了如指掌，同时他也对账号开通后的运营机制、营销策略等有独到的见解。阅读本书能让你换个视角，了解一下我们身边五花八门的"智能媒体"究竟是如何运作，以及为何如此运作的。

尽管本书不是为中小学生创作的，而是以今日头条账号的运营者，以及希望通过今日头条账号进行营销的主体为目标读者的，但任何智能媒体用户，如果能浏览本书，首先能帮助你更好地意识到，我们在各大平台看到的一切都并非偶然，而是特定规则、算法的产物，其中商业盈利目的对我们能看到怎样的内容有着重要的影响。对于这些影响，我们应该有所觉知。其次，详阅书中的150多个实战知识点，你会意识到要想成为一位粉丝众多的up主，需要很多知识和技巧。再次，与着重介绍原理的书不同，本书有大量的实操演练案例，为此作者特意准备了丰富的素材文件、效果文件等。如果你能跟随进行实际演练，相信你会对智能媒体的本质及特点有更深刻的理解。

100.《算法霸权》

作者：[美]凯西·奥尼尔

译者：马青玲

出版社：中信出版社

出版时间：2018年9月

前面我们已经了解了插上"算法"翅膀的媒体是如何能掐会算，自动将人与信息相联的，这不仅提升了效率，创造了惊喜，甚至还造就了潜力巨大的新兴市场。那算法在为我们带来诸多好处的同时，有没有什么风险或危害呢？本书作者凯西·奥尼尔就向人们大声发出警告，她甚至将某些有害的算法模型称为"数学杀伤性武器"，以此警醒人们算法带给我们的绝不只是福音。

具备足够专深数学知识的同时，又有把数学理论应用于各类实践的机会，这让奥尼尔能够看到普通人无力了解，甚至其他只做理论研究的数学家也缺乏机会了解的事实，即被人们寄予厚望并赋予极大权力的算法，事实上其具体机制隐晦不明，即使最高级别的数学家和计算机科学家也很难说清每种算法是否合理。而奥尼尔通过诸多实例，让我们看到算法"黑暗"的一面：认真负责的好教师，因为评估算法不合理而被辞退；急需工作机会的年轻人，因为含有偏见的简历筛选系统而丧失工作机会……事实上，要将人类行为、表现以及潜力归纳为某个算法或模型是十分困难的，因此当我们为人类进入智能时代而欢欣雀跃时，我们也应对算法真正在其中发挥的作用保持警惕。

本书通过丰富翔实的案例及通俗易懂的语言，为读者揭露了"数学杀伤性武器"对个人生活以及社会未来的深刻影响。具体案例包括教学效果评估、求职简历筛选、购车贷款审核、入学资格评审……你会看到掌控着我们生活的算法无处不在，然而，很少有人质疑算法的作用，这是因为人们普遍缺乏专业知识，因此无力对其影响具有准确的判断。面对这种认知差距，奥尼尔呼吁建模者要对自己的算法承担更多责任，并且呼吁政策制定者对模型的使用进行监督管理。但对本书读者来说，如能激发大家学习算法相关知识的热情，将会是更有益的，因为我们只有真正懂得一项技术，才有可能真正善用它。

此外，本书也再次提醒我们，任何技术进步都是双刃剑，在为技术发展兴高采烈的同时，我们也应保持冷静，对于技术对人的真实影响多问一些为什么；对人群中少数个体的遭遇给予更多关注及思考。